Pascal Soetens



# PARENTS D'ADOS DE A à Z
## Conseils d'éducation

Avec la collaboration de Karine Mazeau

Éditions Bussière
34 rue Saint-Jacques
75005 Paris

ISBN : 9782850908262

# Mot de l'auteur

Je me présente : Pascal Soetens, 52 ans, père de deux enfants de 23 et 24 ans, ancien Directeur Service Jeunesse, 15 ans de télévision dans les émissions « *Pascal le Grand Frère* », « *SOS : Ma famille a besoin d'aide* », « *SOS : Un boulot pour mon ado* », « *Opération Tambacounda* », « *Pascal au bout du monde* » ; programmes qui ont rencontré un franc succès. Étonnamment, les jeunes d'aujourd'hui les connaissent, pourtant certains n'étaient même pas nés !

Pourquoi écrire un deuxième livre après « *Pascal, une histoire, un grand frère* » paru en 2010 ? Tout simplement parce que la voie que j'ai empruntée il y a de nombreuses années, celle de l'éducation, continue à me passionner et à m'animer.

Dans mon premier livre, j'avais laissé en suspens 25 conseils que je souhaitais développer. Cela a mis un peu de temps, je n'étais sûrement pas prêt. Maintenant, c'est le cas !

Fort de mes 35 années d'expérience en tant qu'éducateur de terrain, je souhaite, à travers ce livre, vous faire partager différents points de vue et conseils qui, je l'espère, vous aideront à mieux vivre avec votre ado.

Ce livre s'adresse à tous les parents qui ont des ados difficiles, compliqués ou qui ne veulent pas écouter ; bref, les ados d'aujourd'hui !

Bien qu'il existe de nos jours, un peu partout en France, de nombreuses formations, écoles de parents et autres instituts de parentalité, on n'apprend vraiment à être parents qu'au fur et à mesure, avec le temps et l'expérience. C'est un apprentissage continuel.

Ce livre est construit sous la forme d'un abécédaire : À chaque lettre, vous trouverez différentes entrées, correspondant à des problématiques diverses et variées, allant des sujets les plus légers aux plus graves. Tout parent, quel que soit son profil ou sa situation, pourra y piocher des conseils.

L'objectif est de vous amener à vous poser les bonnes questions, à faire preuve de bon sens. Au fil de votre lecture, des réponses se dessineront naturellement. Je vous livre des clefs, mais ne perdez pas de vue que c'est à vous d'ouvrir les portes, de les utiliser à bon escient.

Je pense qu'il est très important d'être bien dans sa tête et dans sa peau avant de fonder une famille. Soigner ses blessures actuelles ou passées est fondamental. Bien sûr, le parent parfait n'existe pas : On peut être totalement équilibré et se retrouver démuni dans son rôle de parent (ou même devenir maltraitant), tout comme on peut avoir 16 ans, n'être pas préparé et devenir un parent formidable... Il n'y a pas de règles.

Force est de constater que vos blessures vont sûrement influer sur votre futur et celui de vos proches (de vos enfants en l'occurrence). Alors, pensez à prendre soin de vous aussi.

Ce livre, c'est ma vision ! Elle sera peut-être différente de la vôtre... Mais je pense qu'on peut se rejoindre.

J'espère qu'il vous éclairera et vous aidera à dompter et surtout à mieux aimer votre ado !

# Avertissement

Vous constaterez que certains conseils sont mentionnés à plusieurs reprises dans ces pages. C'était indispensable, vu mon choix de vous proposer un ABC du parent d'ado. Rappeler régulièrement les fondamentaux reste le meilleur moyen pour qu'ils soient compris et intégrés.

# A

## Surtout pas le moment d'**ABDIQUER**

Tout parent d'ado rencontre des moments de découragement et a parfois l'impression de ne rien faire d'autre que de râler, interdire, menacer, punir... Il est souvent tenté de tout laisser tomber, de complètement lâcher la bride. Oubliez vite cette idée, ce serait le pire service à lui rendre.

Le *non* paraît intolérable, inacceptable pour un enfant comme pour un ado. Il est pourtant indispensable. Grâce au *non*, l'enfant se sent protégé, rassuré par la vigilance bienveillante de ses parents.

Au fur et à mesure qu'il grandit, il faut bien sûr desserrer la vis pour le laisser prendre de plus en plus d'autonomie et de responsabilités. C'est également une période d'opposition où il acceptera de moins en moins le *non*, le cadre et l'autorité. Tout cela parce qu'il se croit déjà adulte.

Si vous dites *non*, c'est que vous estimez que ce n'est peut-être pas le bon moment, que la situation peut présenter un problème, une mise en danger ou encore que certaines règles ont déjà été bafouées, dépassées, incomprises.

Dans tous les cas, il est important d'expliquer à l'ado les raisons de ce *non*.

C'est pour sa sécurité et le bien-être de tous (le sien également), qu'il sera toujours confronté dans sa vie quotidienne à l'interdiction (de brûler un feu rouge, de porter un jogging au bureau - dans la plupart des métiers -, de mettre la musique à fond passée une certaine heure, de traverser une voie ferrée...).

Des interdictions, lorsqu'il y en a, c'est qu'il y a une bonne raison.

Si des parents estiment leur ado capable de se prendre en charge très vite, d'autres au contraire voient d'un mauvais oeil toute tentative d'émancipation.

Toute la complexité réside dans le fait de maintenir les règles qui ont été fixées tout en les faisant évoluer en fonction de la maturité et des besoins de l'ado.

Il faut préserver un cadre, ne pas baisser les bras, même si cette période est difficile et que l'ado ne comprend pas qu'il est encore loin d'être un adulte. L'idéal est de rester ferme (mais toujours courtois !) et de lui montrer qu'on lui fait confiance pour beaucoup d'autres choses, même s'il est parfois nécessaire de resserrer la vis, de restreindre certaines autorisations.

# **ABSENCE** d'un parent, d'un conjoint

Lorsqu'on est seul à s'occuper d'un ou de plusieurs enfants, la charge est double.

Pour les parents en couple, les problèmes sont beaucoup plus dilués, car on a quelqu'un sur lequel s'appuyer de temps en temps. Les tâches quotidiennes sont partagées, la fatigue moins intense. On n'est pas l'unique cible de l'agressivité de son ado, et l'autre parent peut souvent apaiser les choses. Les décisions se mûrissent ensemble. L'enfant peut choisir également à qui il préfère se confier.

Dans le cas de parents divorcés, il est difficile pour l'ado de ne pas profiter de cette situation pour jouer sur les deux tableaux dans le but d'obtenir au passage quelques avantages (cf. *L'ado, cet opportuniste*). Ainsi, il faut se méfier du « *Papa a dit que je pouvais !* »

Bref, on n'a pas toujours le choix… Deuils, séparation ou chemins de vie, pour des millions de familles, c'est en solo que ça se passe.

À ces parents, je dis : « *Ne culpabilisez pas, vous faites déjà énormément* ». Sachez que des règles instaurées et clairement énoncées faciliteront énormément votre quotidien. Si elles sont comprises, elles ne seront pas remises en question mais considérées comme des habitudes de vie et non comme des contraintes.

## Parents divorcés / séparés

Parfois, les adultes ne s'entendent plus, n'arrivent plus à communiquer, et l'enfant se retrouve mêlé à leurs conflits. Même si la haine et la rancœur prennent parfois le dessus, c'est l'erreur à ne jamais commettre.

Il est capital de faire comprendre à vos enfants que si l'amour entre deux adultes peut s'éteindre, celui d'un parent pour son enfant, lui, est éternel.

Les parents qui se déchirent pour la garde pensent bien faire, mais qu'en est-il des souhaits de l'enfant? Le priver de l'un de ses parents - ou des deux - sans raison extrêmement sérieuse est une forme de maltraitance. Ce que souhaite l'enfant la plupart du temps est simple : ses deux parents.

J'avais un petit voisin. Père alcoolique, mère au foyer. Le papa battait la maman très régulièrement. Je lui ai proposé d'appeler les services sociaux. Sa réponse a été immédiate et catégorique : « *Non, moi je veux rester avec mes parents* ».

Et cela, il faut savoir l'entendre.

Lorsqu'on se sépare, il faut faire les choses aussi intelligemment que possible. Je me suis moi-même retrouvé dans cette situation et nos enfants en ont bien sûr souffert.

La séparation crée des blessures très profondes chez l'ado. Celles-ci peuvent impacter son adolescence et sa vie d'adulte. De plus, il risque souvent de reproduire le même schéma une fois grand.

Je vous le demande, faites le maximum pour limiter ces conflits, ce sont eux qui peuvent détruire votre famille et fragiliser votre ado. Ce dernier pourrait même vous en vouloir plus tard de ne pas avoir su le préserver.

Préserver l'amour de nos enfants, c'est le plus important.

Si votre séparation se passe mal, efforcez-vous de rester conciliant et de garder à l'esprit ce qu'il y a de plus important pour vous et vos enfants.

C'est la vie, on fait des rencontres et on tombe amoureux, on décide de fonder une famille, de faire des enfants. Et parfois, il vaut mieux se séparer.

L'important c'est d'être en accord avec soi-même. Être en couple est un travail quotidien qui implique de chercher à comprendre l'autre, de le respecter et de faire parfois des sacrifices (même s'il faut admettre que je ne suis pas très adepte du sacrifice).

N'oubliez pas : faire des enfants est d'abord un acte d'amour. Quand je vois des parents qui se déchirent, je pense qu'ils ont dû oublier cela…

Ce n'est pas qu'un acte sexuel. Que ce soit volontaire ou non, lorsqu'on a un enfant on doit en assumer les conséquences et prendre ses responsabilités.

On doit faire le nécessaire pour que l'enfant puisse grandir dans les meilleures conditions possibles, pour préserver son équilibre par tous les moyens.

# Il me dit que j'**ABUSE** !

Votre ado vous dit souvent : « *Franchement, t'abuses !* ». Cette petite phrase ressort pour un oui ou pour un non, notamment lorsqu'on lui demande quelque chose qui l'ennuie, le contraint ou lui demande trop d'énergie...

C'est typique, ça remplace le fameux soupir de mécontentement... *Pfffffffff...*

Ça a juste l'inconvénient de vous mettre encore plus en rogne... Car ça vous est directement adressé !

Mais finalement, n'est-ce pas l'enfant qui abuse un peu ?

N'est-il pas en train d'essayer de vous faire culpabiliser ?

Si votre enfant vous dit que vous *abusez*, demandez-vous : « *Mais en quoi est-ce que j'abuse ?* ». La plupart du temps - pas toujours -, la réponse viendra d'elle-même : en rien !

C'est simplement que les règles ne sont ni entendues, ni comprises, ni acceptées. Prenez le temps de les expliquer de nouveau et dites-lui que chaque fois qu'il vous dira « *T'abuses* », il aura de nouveau droit à sa petite leçon de morale ! Il va adorer ça !

Voilà, tout simplement.

# ADDICTION, quand tu me tiens…

Alertez vos enfants sur les addictions ! Elles sont nombreuses et n'épargnent aucune tranche d'âge. Leurs formes sont diverses (aliments, alcool, cigarettes, drogues, jeux de hasard, jeux vidéo,…). Certes, vous ne pourrez pas les protéger de tout. Ils seront mis en présence de nombreuses substances. Certaines addictions ne sont décelables que lorsque es problèmes d'argent se posent, que le comportement ou le physique de la personne change, etc.

Alertez-les, mais sans les gonfler, ce qui pourrait s'avérer contre-productif !

Il y a des substances autorisées et simples d'accès, d'autres parfaitement illicites. Malgré tout, il est dans la nature de l'ado d'expérimenter (vous-même buviez un verre de temps en temps, avez fumé pendant des années, et ne refusiez pas de tirer sur un bédo lorsque vous étiez jeune…). Alors que faire ?

## ADDICTION À LA CIGARETTE

Moi aussi je suis passé par là. Un jour, un de mes potes m'a proposé de fumer une cigarette et je l'ai fait ! Cela m'a tellement brûlé les poumons que je me suis dit que plus jamais je ne fumerai. Ça m'a suffit, mais d'autres enfants tombent dans le piège : « *OK, ça m'a brûlé la première fois. Je suis sûr que la deuxième, ce sera moins désagréable* ». Et la fois suivante, les voilà devenus fumeurs, ouvrant la voie à d'autres addictions possibles.

Quelle que soit la substance ou l'habitude, il faut faire de la prévention. Pour cela vous pouvez :

- vous servir d'internet, montrer les photos sur les paquets de cigarettes, discuter des problèmes de santé que celle-ci occasionne ;

- donner l'exemple, dans la mesure du possible, en ne fumant pas vous-même devant eux (mon père était fumeur, mais je ne l'ai jamais vu avec une cigarette, donc cela ne m'a jamais tenté) ;

- en fonction de votre enfant, adapter le propos. Un de mes fils est asthmatique et souffre d'importants problèmes respiratoires. Jeune, il avait peur de mourir. On lui a expliqué très tôt que s'il fumait, il allait amplifier ses problèmes cardio-respiratoires et courir ainsi un risque accru. Il a compris à quel point c'était important et n'a jamais été fumeur ;

- expliquer le process de l'addiction (par exemple, cela répond souvent à un immense mal-être, à un manque de confiance en soi, plus simple à dissimuler avec l'appui de faire-valoir comme la cigarette, mais qui engendre une dépendance, crée un écran de fumée entre soi et les autres) ;

- lui faire remarquer que la clope fait grossir. On entend rarement cet argument, mais dès lors qu'on commence à fumer, même si on « *arrête quand on veut* », on prendra systématiquement du poids pendant le sevrage. Alors, ne commençons pas !

- ne pas faciliter l'accès à la clope chez vous ou en votre présence (un endroit de moins où il en consommera).

Mon père me disait toujours : « *Si un jour, je te vois avec une cigarette, je la prends, je la coupe en deux et je te la fais manger pour te passer l'envie de fumer!* » Alors, vous allez me dire : « *Ouais, c'est plutôt radical !* » Eh bien sur moi, ça a marché, mais certains auront besoin d'une approche plus diplomate... C'est vous qui connaissez votre enfant et savez le mieux comment lui parler. À vous de l'aider à gagner en bon sens, c'est essentiel.

## Addiction aux jeux vidéo : Comment le faire revenir dans la vraie vie ?

Je ne peux pas dire que je n'ai jamais joué aux jeux vidéo...

Ceux auxquels je jouais étaient bien moins violents que *GTA*, *Fortnite* ou *Call of Duty* (où il faut absolument tuer pour gagner). C'était plutôt du genre *Mario Kart*. Le but était d'aller chercher des récompenses ou de réfléchir à des stratégies.

Désormais trop d'enfants et d'ados jouent à des jeux déconseillés pour leurs âges, sans limites de temps. Ça me rend fou de voir ça ! Et si votre gamin casse la TV en jetant sa manette de rage, c'est que vous êtes déjà bien mal barré !

Il est certes difficile de tout le temps surveiller les faits et gestes de vos ados, mais soyez responsables, faites attention à ce que vous leur autorisez !

Voici quelques conseils :

- Ne mettez aucun écran type ordinateur ou TV dans la chambre de votre ado. Préférez idéalement une tablette ou un ordi portable, qu'il vous rendra - avec son téléphone - avant d'aller se coucher.

- Fixez des horaires de jeu : Vous pouvez lui octroyer des accès à la WIFI à des moments précis, ça se règle facilement.

- Suivez les indications inscrites sur l'emballage des jeux. Les tranches d'âge sont vraiment là pour vous aider à expliquer à votre ado que si ça ne lui est pas encore accessible c'est qu'il y a d'excellentes raisons à cela. Les règles, c'est les règles !

Outre la violence que certains jeux vidéo véhiculent, ils provoquent également des addictions très sévères, susceptibles d'isoler l'ado. Passer trop de temps à jouer au quotidien est risqué. Les adultes eux-mêmes peuvent finir complètement déconnectés, alors imaginez pour un ado !

Pour rappel, les psychologues ont mené des études sur le sujet : un enfant de dix ans n'est pas encore assez construit pour comprendre et faire la différence entre la vraie vie et la fiction.

Dans la vraie vie, lorsque l'on tire sur quelqu'un, que l'on cause un accident, que l'on sème la police, c'est moralement répréhensible et on encourt des peines ! Dans un jeu, tout ce que l'on risque, c'est de perdre une vie et de devoir reprendre une nouvelle partie. En réalité, la menace est invisible et les conséquences autrement plus graves !

## Addiction à l'alcool

On est très inégaux devant l'alcool (et devant les addictions en général). Certaines personnes n'auront jamais le moindre problème, d'autres seront bien plus perméables aux addictions.

Prédisposition génétique ou simple sensibilité, l'alcool permet d'atteindre une désinhibition très confortable mais peut vite s'avérer essentielle à des personnes très mal dans leur peau, d'une timidité maladive ou en souffrance psychologique. Cela ne se voit pas toujours, nombre de grands timides n'en ont pas l'air du tout.

Très souvent, lorsque l'ado commence à consommer de l'alcool, c'est sous l'influence de ses potes : « *Allez, bois un verre, tu verras, ça fait du bien* ». Dans le cadre d'une soirée, c'est un peu un rituel de passage (l'ado aime expérimenter).

Le drame aujourd'hui, c'est que les ados pratiquent le binge drinking. L'objectif n'est plus de boire un coup, mais de consommer très vite et en quantité impressionnante, jusqu'à perdre conscience. D'autres encore se laissent entraîner dans des jeux d'alcool ou font des paris : à qui boira cul sec une bouteille de vodka par exemple...

En prévention je vous conseille :

- d'évoquer avec votre ado les risques liés au coma éthylique ;

- s'il conduit ou a des amis qui conduisent, qu'ils désignent un « *Sam* », ou alors, c'est vous qui assurez le retour (taxi...) ;

- d'être transparent si vous-même avez une fragilité ou qu'il y a un terrain propice aux addictions dans votre famille. Conseillez-lui alors d'être particulièrement vigilant ;

- de l'encourager à désigner des ami(e)s de confiance qui ne le/la quitteront pas des yeux *quoiqu'il arrive* s'il/elle a décidé de boire. Et eux-mêmes doivent veiller sur leurs amis.

- de sensibiliser votre ado au GHB, la drogue du violeur, ou à l'ecstasy, car de nombreux ados se retrouvent piégés par une substance mise dans leur verre à leur insu. Qu'ils ne lâchent pas leurs verres ! Comme le montre l'actualité récente, ce genre d'agression est de plus en plus fréquent... ;

- d'expliquer à votre ado que si l'alcool l'aide sûrement à prendre confiance en lui, à se sentir intégré et à passer de bonnes soirées, c'est malheureusement provisoire et qu'il y a bien d'autres pistes pour se sentir mieux durablement sans en passer par là.

- de retarder au maximum le premier verre festif en famille (16-17 ans pour fêter un diplôme par exemple, même si vous savez qu'avec les amis c'est free !).

- de prévenir vos enfants que lorsqu'ils prévoient de beaucoup boire, il faut toujours qu'ils soient en parfaite sécurité, entourés d'amis de confiance et qu'ils ne doivent pas hésiter à vous contacter.

Et si vous voyez que votre ado boit trop souvent et plus que de raison, expliquez-lui à nouveau tout cela, et demandez-lui s'il se sent capable de résister deux semaines d'affilée ou de se mettre au défi de retrouver une consommation raisonnée. S'il n'y parvient pas, parlez-en avec votre médecin de famille.

## Addictions aux drogues

Nos ados ne vivent pas dans un monde de bisounours et quel que soit leur milieu, ils croiseront probablement bon nombre de molécules. Cela est bien sûr préoccupant, alors je vous recommande de leur expliquer clairement ce que chaque drogue provoque en vous adressant à leur intelligence. Voilà ce que c'est, et voilà en quoi cela peut nuire.

- **Il y a les substances « planantes » (herbe, shit...) dont la consommation paraît innocente, mais provoque d'énormes dégâts :**

Chez de nombreux jeunes, elles font émerger des troubles psychiatriques (bouffées délirantes, paranoïa...) dont certains gravissimes qui auraient pu (et dû) rester longtemps en sommeil (la schizophrénie par exemple).

Elles provoquent des problèmes de mémoire, de concentration, de léthargie. Souvent, le fumeur régulier perd tout intérêt pour ses autres activités comme pour les personnes qu'il appréciait beaucoup auparavant. Ça le coupe du monde et sortir les poubelles devient pour lui l'aventure de la journée ! Et je ne parle pas du nombre d'accidents de voiture liés à sa consommation !

Alors, prévenez votre gamin : pour les problèmes psychiatriques, c'est une grande loterie, même si certains troubles ont également des sources héréditaires. Peu de cannabis peut suffire à déclencher des pathologies graves, déroulant ainsi le tapis rouge pour une entrée en fanfare à l'hôpital psychiatrique !

Et pour le reste, s'il souhaite devenir tout mou et ne plus rien percuter... eh bien qu'il continue !

- **Il y a des substances « orgasmiques », ultras addictives (opium, héroïne, crack...)**

Là encore, vous pouvez jouer à fond la carte de la prévention, et faire visionner à votre ado des films ou documentaires sur internet montrant à quel point la déchéance physique et morale apparaît vite ! Des photos avant/après, des témoignages de junkies... c'est édifiant. On peut penser que ces drogues ne se trouvent que dans les séries américaines, mais le crack est partout (voyez les polémiques sur les salles de shoot)...

Il suffit d'une fois et c'est foutu, l'addiction est aussi forte que l'effet est éblouissant, un piège monstrueux qui peut mettre quelqu'un à la rue, plus bas que terre et le déshumaniser en moins de deux puisque plus rien d'autre ne compte.

- **Il y a les substances qui réveillent et donnent confiance en soi (ecstasy, cocaïne...) et autres vraies saloperies de synthèse aux effets divers et variés, du type GHB, LSD, monoxyde d'azote, Poppers, etc.**

Avec ses petits smileys, son petit côté bonbec, l'ecstasy est une pure saleté.

De toute manière, on ne sait jamais ce que cela contient, c'est de la chimie pure. Par contre, l'effet dépote. En soirée, elle permet de rester au taquet toute la nuit, de moins souffrir de l'ivresse si la consommation d'alcool est adjacente (avec des risques bien présents de déshydratation et de coma éthylique). Mais cela reste de la chimie. Peu de temps avant que j'écrive ce livre une amie m'a parlé d'un gamin de sa connaissance (un gosse de 17 ans) qui le soir de son anniversaire avait pris deux ecstasys. Il a frôlé la mort, est resté plus d'un mois dans le coma et a eu la "chance" d'être éligible pour une greffe de foie. Il passera sa vie à en subir les conséquences.

Voilà l'exemple parfait. Et si votre ado vous dit « *Ah ouais, mais il en a pris deux aussi!* », demandez-lui s'il a une quelconque garantie de la composition d'un ecsta. La réponse est simple : Non, on n'est jamais sûr de ce que contiennent ces saletés de synthèse.

La cocaïne est un sujet bien particulier. D'abord, sachez que si elle a été très longtemps réservée aux stars, aux jet-setters et aux gens de "la haute", elle est désormais aussi répandue et ouvertement consommée que le cannabis dans les soirées de nos enfants. Donc ne fermez pas les yeux là-dessus.

Alors certes, Junior rentre aux aurores et a l'air nickel ! Pas trop fatigué, la tête sur les épaules... Vous-même n'êtes jamais rentré aussi en forme d'une soirée ! Eh bien, ayez cela en tête, on ne sait jamais...

D'ailleurs, vous êtes-vous demandé pourquoi cette substance si courante est dangereuse ? Après tout, elle semble consommée par des gens "bien sous tous rapports" et ne semble pas entraîner de déchéance physique(dans un premier temps du moins). Alors, où est le loup ?

Eh bien le problème, c'est qu'elle est très addictive. Pour ressentir son effet, il en faut toujours plus. Comme elle est chère, arrive le moment où l'on ne parvient plus à s'en procurer suffisamment. Et si on a assez d'argent pour en consommer à longueur de journée, ce sont ses effets qui deviennent insuffisants... Quelle autre solution alors que de passer au cran supérieur et d'aller chercher une molécule peut-être moins chère, mais qui elle, fera effet et sera forcément plus dangereuse ? Le crack, c'est l'étape suivante.

Expliquez cet engrenage à votre ado, car il n'en a sûrement pas conscience.

Et s'il a déjà des problèmes de drogue, consultez votre médecin de famille, qui vous orientera.

Vous êtes le gardien de l'éducation de votre enfant. Dans un match de foot, le gardien est bien censé garder les buts, bloquer le ballon et protéger son équipe d'une défaite. C'est également votre rôle.

# Petit rappel : l'**ADOLESCENCE**

Vous souvenez-vous des Gremlins ? Ces jolies créatures qui se transforment en ingérables petits monstres si on les nourrit après minuit ? Eh bien le passage à l'adolescence, ça ressemble un peu à ça. Vous voyez votre adorable gamin adopter des attitudes différentes, changer physiquement et vous n'êtes vraiment pas certain d'avoir gagné au change tant il devient difficile de lui parler ou d'en exiger quelque chose.

Cette petite révolution se fait sur une période relativement longue, alors prenez votre mal en patience (on ne cesse jamais de vieillir ni de mûrir, même si à un moment on arrête de grandir...).

Au plus fort de sa "métamorphose", votre enfant a vraiment des circonstances atténuantes, car les transformations physiques et hormonales qu'il subit sont nombreuses et :

- le fatiguent énormément ;
- influent sur son sommeil : Il n'a plus le même rythme, tarde à s'endormir le soir et traîne des heures au lit le matin) ;
- influent sur sa posture : Il s'allonge souvent, se vautre, ne se tient pas droit ;
- influent sur son caractère : Il est capable de s'emporter d'un seul coup et de s'enthousiasmer tout aussi soudainement.

C'est une période de détachement d'avec les parents, le jeune a besoin de faire ses propres expériences, ne partage plus ses secrets, ne vous parle plus trop de ses journées ou de ses nombreux potes...

Certains parents réagissent assez mal devant le mutisme de leur enfant, et essayent par tout les moyens d'apprendre un maximum de choses, quitte à se montrer intrusifs ou indiscrets.

Mais l'important, c'est que votre enfant ressente toujours la liberté de venir vous parler quand il le souhaite ou de partager avec vous des moments en famille.

Pour préserver cet équilibre et la confiance mutuelle, voici quelques clefs du quotidien :

- Tout d'abord, ne posez pas de questions que vous n'auriez pas aimé qu'on vous pose au même âge « *As-tu un copain ?* ».

- Ne les laissez pas s'enfermer dans le virtuel : Exigez leur présence à chaque repas (sans téléphone bien sûr !). Cela vous permettra de maintenir le lien avec vous, avec la vie de leur famille, avec le réel... et vous aidera grandement à préserver la communication.

- Laissez la porte ouverte à toute discussion en leur disant : « *Je ne t'embête pas avec des sujets intimes, mais sache que je suis à ta disposition pour discuter de tout quand tu en ressentiras le besoin* ». Cela ne vous dispense bien sûr pas de préalablement les sensibiliser aux dangers des drogues, de la rue, à la contraception, aux MST ou autres...

- Préservez leur intimité : Frappez avant d'entrer (mais entrez !). Ne faites aucune fouille de leur chambre, sauf en cas de suspicion fondée. Entendons-nous bien : vous allez chez votre ado quand vous le souhaitez, mais c'est vous qui décidez de ne pas y faire intrusion pour un oui ou pour un non. C'est également une période où ils sont censés faire leur chambre eux-mêmes, alors dites-leur bien que si elle est sale et désordonnée, vous êtes tout à fait en droit d'y pénétrer, et si vous faites des trouvailles en rangeant à leur place, qu'ils ne s'en prennent qu'à eux-mêmes ! Leur chambre est certes leur refuge, mais pas pour autant une zone de non-droit.

- Votre ado aura sûrement très vite besoin de sortir du cocon protecteur que vous avez bâti autour de lui. Mais pour toute sortie, vous êtes en droit de savoir **où, avec qui, quand et jusque quand**. C'est pour sa sécurité et pour votre quiétude. En cas de changement de programme, il doit vous tenir informé. En contrepartie, si toutes les conditions vous semblent réunies (notes correctes, comportement et âge adéquat, etc.), accordez-lui ces moments - importants pour lui - sans trop discuter ou conditionner. Tant que vous savez **où, avec qui, quand et jusque quand.**

- Quel que soit l'âge, en échange de votre confiance, exigez de la rigueur sur les horaires de retour.

- Prévenez-les également qu'ils peuvent vous faire confiance à tout instant s'ils ont besoin que vous leur veniez en aide (à eux ou à l'un de leurs amis) durant leurs virées à l'extérieur. L'important est qu'ils n'hésitent pas à vous appeler.

Évidemment, les ados demandent de plus en plus de latitudes au fil des années. C'est à vous en fonction de la maturité de votre enfant, de doser et d'accorder des permissions de plus en plus étendues (depuis la nuit chez un copain, jusqu'à la soirée en boîte...)

L'adolescence est donc une période de questionnements permanents, car chaque semaine le sujet revient sur la table et votre responsabilité vous semble chaque fois plus grande. Mais ne vous inquiétez pas, vous connaissez votre ado mieux que quiconque et parviendrez à agir au mieux, à resserrer la vis si besoin, au fur et à mesure.

Faites toutefois remarquer à votre enfant qu'il continue de gagner en liberté tant qu'il joue le jeu, qu'il vous respecte, respecte les règles édictées, et tient ses engagements !

Et dehors, ma foi, il doit vivre ses expériences comme vous avez vécu les vôtres : même les plus inavouables, souvenez-vous ce que vous expérimentiez à 16, 18 ou 20 ans et avec qui !

# Face à son **AGRESSIVITÉ**, affichez la paix d'un moine bouddhiste *(en tous cas, essayez!)*

Ok, c'est plus facile à dire qu'à faire! Je suis d'accord. Mais cultiver cette maitrise de soi est vraiment quelque chose que je vous encourage à faire.

Imaginez que vous venez de priver Junior de téléphone pour une semaine. Vous avez d'excellentes raisons, mais il ne veut pas lâcher l'affaire! Attendez-vous à des discussions longues et pénibles, écoutez, mais ne cédez pas! Gardez en tête qu'il n'est pas anormal qu'il le vive comme un drame. Attendez-vous à vous en prendre plein la figure et prenez le recul suffisant. Cela vous aidera à garder votre calme.

Certains enfants abandonnent vite, mais d'autres ont une force de conviction et d'insistance tout à fait admirable, alors lorsque vous verrez la moutarde vous monter au nez, inspirez fortement et pensez à quelque chose que vous aimez bien (non, pas à vos enfants! Pas maintenant!) et si vraiment vous ne parvenez pas à décolérer, exigez que cette conversation cesse et soit remise à plus tard, puis sortez vite de la pièce pour aller vous calmer!

# Quand faut-il vraiment s'**ALERTER** : Les signaux à ne pas négliger

Vous accordez de plus en plus votre confiance à votre ado, tentez de tout faire pour maintenir un semblant de communication, mais tout ne se passe pas bien alors vous vous demandez si votre enfant est vraiment heureux, ou s'il n'a pas de problèmes.

Voici quelques signaux qui peuvent indiquer que quelque chose ne tourne par rond pour lui. À vous de mener votre petite enquête si vous en repérez un ou plusieurs dans cette liste non exhaustive :

- Rupture de la communication avec vous ou avec ses amis.
- Rejet de son corps.
- Troubles du comportement alimentaire (boulimie, régimes constants, sport à outrance, etc.).
- Baisse soudaine des résultats scolaires.
- Laisser-aller au niveau de l'hygiène, des affaires...
- Propension à mentir.

- Étonnante capacité à acheter des choses onéreuses... ou billets qui semblent pousser dans ses poches.
- Agressivité de plus en plus forte et fréquente.
- Arrêt d'activités qu'il affectionnait.
- Tendance à avoir des idées noires.
- Répétition de conduites à risque.
- Forte mésestime de lui-même.
- Consommation de drogues ou d'alcool de manière irraisonnée.
- Atteintes corporelles (scarification...).
- Comportements maniaques ou hyper exigeants (TOC...).

En règle générale, toute modification très brusque de comportement chez votre enfant peut être un signe de mal-être et mérite votre vigilance.

# ARGENT : Mon ado, cet opportuniste !

Dernières Sneackers à la mode, pass VIP pour aller chez *Disney*, dernier I-Phone, fringues de luxe... Si votre enfant est opportuniste et vous réclame toujours plus d'argent, c'est que les besoins de l'ado d'aujourd'hui sont en complet en décalage avec la vraie vie.

Leurs modèles sont des stars du foot, de téléréalité, des influenceurs ou Youtubers... et la mode actuelle est plus à l'argent facile qu'au goût de l'effort. Bien des parents se saignent aux quatre veines pour de temps à autre faire plaisir à leur progéniture, mais font face à des demandes continuelles. Trop de jeunes ne connaissent absolument pas la vraie valeur de l'argent.

Personnellement, je ne recevais pas d'argent de poche et ça ne m'a pas manqué. D'ailleurs, je n'en réclamais pas à mes parents, et lorsqu'ils m'en donnaient, cela me faisait d'autant plus plaisir que c'était inattendu. J'ai ainsi appris à être économe (mais pas radin) et compris ce qu'était la valeur de l'argent.

Aimer faire plaisir à ses enfants renforce la confiance et l'estime mutuelles. Mes enfants sont grands et travaillent désormais, mais il m'arrive encore de vouloir les gâter de temps en temps en leur donnant un peu d'argent. Bien souvent, ils refusent et je dois insister : « *Mais si, fais-toi plaisir ! Offre-toi un petit truc !* »

Mais au quotidien, que faire ? Que faut-il leur donner et comment les aider à gérer cet argent ?

Je ne vais pas vous dicter quoi faire, car cela dépend de votre façon de vivre, de vos principes, de l'éducation que vous avez reçu, ou tout simplement de vos moyens.

Par contre, je vous conseille vivement d'adopter une certaine cohérence :

- De ne pas donner plus que vous ne pouvez, malgré votre envie de lui faire plaisir !
- D'adapter le montant à son âge.
- De ne pas donner plus que ce qui est convenu. Cela peut être rediscuté, mais pas chaque semaine ! Et vous êtes bien sûr libre de faire plaisir à votre ado avec un petit billet supplémentaire de temps en temps, tant que ce n'est pas systématique.
- D'attendre une vraie occasion si vous souhaitez lui faire un cadeau important ou y contribuer.
- De rappeler régulièrement à votre enfant que l'argent de poche, ou autre somme versée, n'est pas un dû. Ce don peut être suspendu à tout moment s'il se comporte mal.

Sachez qu'il existe aujourd'hui des cartes de crédit destinées aux ados. Ce n'est pas très cher, permet de leur virer de l'argent instantanément et de vérifier comment celui-ci est dépensé.

Non seulement ça ressemble à un compte en banque, et leur permet de gérer « comme des grands » leurs propres économies, mais cela peut vraiment dépanner votre ado s'il se retrouve en galère, (par exemple, pour sauter dans un taxi s'il veut s'échapper d'une soirée qui tourne mal...)

# Les **AUTRES**, c'est trop la vie !

Hé oui, arrive ce moment où votre petit chéri semble trouver bien plus d'intérêt aux autres qu'à ceux qui composent son foyer. Et c'est normal. C'est par cette distanciation qu'il va pouvoir grandir.

Il est naturel que l'enfant se détourne de vous pour vivre ses propres expériences avec des personnes qui ne font pas partie de sa tribu.

Et il va leur accorder une importante colossale, comme une nouvelle famille qu'il aurait choisie et qui va lui permettre de s'émanciper progressivement, d'accorder son affection et de s'ouvrir à d'autres personnes.

Un enfant qui reste en vase clos avec ses parents trouvera très difficile de se libérer d'eux par la suite. Alors, lorsque les autres entreront dans la vie de votre ado, accueillez-les avec bienveillance et enthousiasme, même si vous trouvez qu'ils s'incrustent parfois un peu trop ou ont trop d'influence sur lui.

Dites-vous que de nombreuses amitiés d'une vie sont nées à ces âges-là... Peut-être que Stella sera témoin au mariage de votre fille et que Seb investira dans la société de votre fils plus tard !

Le problème, c'est ceux qui ne vous plaisent vraiment pas.

Car bien sûr, parmi ses fréquentations, vous verrez de tout : des gamins qui ne vous paraîtront pas franchement recommandables, ceux qui sembleront n'avoir aucun parent derrière eux, une gamine qui fumera comme un pompier, des mauvais génies aux yeux explosés comme s'ils revenaient d'Amsterdam...

Comment protéger votre ado de ces potes un peu "border" ?

Une fois de plus, si vous le valorisez et lui témoignez souvent la confiance que vous avez en lui, il résistera plus facilement à la tentation de suivre bêtement tel ou tel copain, sera moins influençable. Alors, cultivez cette confiance, et laissez-le explorer la vraie vie et choisir ses amis librement.

# Pourquoi tous les **AUTRES** ont le droit et pas moi ?

Voici un grand classique que vous avez peu de chance d'éviter : la revendication au titre que « *les autres, eux, ils le font !* »

Ainsi, l'une des armes de l'ado pour tenter de vous convaincre consiste à vous montrer comme sa position est injuste au regard de celle de ses copains.

Parce que l'ado du XXIe siècle, avide d'équité et d'égalité, déteste l'injustice et ne résistera pas à vous pointer du doigt s'il considère que ses droits sont bafoués...

Alors, que répondre lorsque l'injustice est criante et que l'ado vous menace d'appeler SOS enfance maltraitée parce que « *Éric, il a le droit de sortir jusqu'à 22 h et pas moi !* » ou que « *Ma copine Julia elle a le droit de se maquiller tous les jours, même à l'école et pas moi !* »

C'est une merveilleuse occasion pour leur apprendre le "deux poids deux mesures". Chacun son éducation, chacun ses principes. C'est votre credo. « *Je ne pense pas que ce soit encore le moment pour toi, un point c'est tout !* »

N'hésitez pas également à retourner la situation avec humour, mais de manière à ce qu'il n'ait pas trop envie de revendiquer quoi que ce soit à chaque fois : « *Mais mon chéri, rien ne t'empêchera de sortir jusqu'à 22 h lorsque tu auras 18 de moyenne !* »...

On retrouve aussi ce phénomène au sein de la famille : « *C'est dégueulasse, Enzo (le petit frère) a pu manger un Magnum et tu ne veux pas que j'en mange un ?!* ».

Bon, Enzo, lui, l'a mangé à 16 h 30, or il est 19 h et on passe à table dans 15 minutes...

Bref, ne vous faites pas embobiner. Si besoin, prenez le temps de la réflexion. Si tous les copains se couchent à 22 h et que je mets mon fils au lit à 20 h avec une histoire alors qu'il a 15 ans, c'est que j'ai peut-être raté une étape...

Mais sachez qu'Éric et Julia sortent certainement le même genre de refrain à leurs parents. C'est normal, l'adolescence est le moment où on fait tout pour gagner en autonomie, s'affranchir des parents et commencer à avoir un jardin secret. Et tant que celui-ci n'est pas plein de marijuana, c'est déjà ça !

Soyez ouverts d'esprit, mais sans les croire béatement. Et attention à ne pas trop essayer de leur tirer les vers du nez, car ils se sentiraient obligés de vous mentir.

En tout état de cause, vous devez tenter d'être le plus équitable possible, mais une fois de plus, cela dépend des circonstances : si vous faites cadeau de 10 euros à votre ado de 11 ans, il n'est pas obligatoire de donner la même chose à votre petite dernière de 4 ans et demi.

Si Mattéo est super raisonnable et qu'il a un excellent sens de l'orientation, il pourra peut-être prendre sa trottinette pour se rendre chez son copain, alors que son ainée, Lucie, ne se sentira jamais capable d'en piloter une en pleine ville.

Dans l'ensemble, vous devez bien sûr ne faire aucune différence entre vos enfants, et ce, que la fratrie soit petite ou grande.

Mes parents nous ont toujours traité de manière égale mon petit frère et moi. Ce qu'avait mon petit frère, je l'avais, et inversement. J'ai reproduit le même schéma avec mes enfants.

Il est important que vos enfants soient autant les uns que les autres assurés de votre amour impartial et entier.

Mais n'oubliez pas que les enfants d'une fratrie, même éduqués strictement de la même manière, peuvent avoir des comportements, caractères et façons de fonctionner diamétralement opposés.

Ainsi, un de vos enfants pourra ne jamais connaître le moindre problème scolaire, tandis que l'autre aura besoin de plus de cadre, de temps, de travail à fournir pour réussir... Ce sont des individus à part entière. Et s'ils vous reprochent parfois de ne pas adopter les mêmes réactions avec l'un qu'avec l'autre, vous pouvez leur rappeler que c'est parce que, justement, ils sont uniques qu'il est plus juste de les traiter de manière calibrée, en respectant leur individualité.

# Pourquoi l'**AVENIR** ne veut rien dire pour l'ado ?

*« Tu y repenseras plus tard, tu verras bien que j'avais raison ! »*

Voilà bien le genre de phrases que les ados détestent entendre, et c'est normal, car étant ancrés dans le présent, rien ne compte plus pour eux que les plaisirs immédiats ou imminents.

Alors l'avenir, les projets, les ambitions professionnelles... ils s'en tapent la plupart du temps ! Ils sont tellement stimulés qu'il n'y a vraiment pas de place ni dans leur cerveau, ni dans leur emploi du temps pour accorder de la valeur à cette notion complètement farfelue : l'avenir.

Ils ont bien assez à faire avec cette vague d'hormones qui les submerge, avec cette période de révolution sociale, intellectuelle, amicale et parfois amoureuse qu'ils traversent. Demain n'a pas d'importance.

Ce n'est pas "No futur", mais plutôt "C'est aujourd'hui qui m'intéresse". Alors, lorsque vous tentez de discuter avec votre ado pour lui faire comprendre votre raisonnement, votre expérience, ou votre posture à son égard, privilégiez des exemples concrets, qui ont des conséquences présentes, plutôt que de jouer les voyants « *Tu verras plus tard que j'avais raison !* ». Sinon, vous risquez de le voir lever les yeux au ciel...

Et par pitié, faites court !

# B

## Conseils de **BASE** pour organiser votre résistance !

Voici un rappel de certaines bases qui pourraient fortement vous aider à résister à votre ado :

- N'autorisez aucun écran à rester la nuit dans la chambre (donc pas de TV ou d'ordinateur fixe, c'est le piège assuré !). Définissez l'heure à laquelle ils doivent vous rendre les appareils, téléphone, etc. Cette heure peut varier les week-ends et les vacances.

- Refusez autant que possible à votre ado d'aller traîner dehors sans but précis. Il veut rejoindre Hugo ? Soit il va chez Hugo, soit il propose à Hugo de venir à la maison ! Il veut aller dormir chez un autre pote ? Envoyez un petit SMS aux parents pour vous assurer que tout est OK de leur côté...

- Soyez accueillant avec les amis de vos enfants, qu'ils puissent eux aussi se tourner vers vous en cas de problème. Vous apprécieriez que leurs parents fassent de même avec votre progéniture.

- Faites en sorte que les règles de la maison soient respectées au maximum.

Vous venez d'hériter d'un être étrange, un peu boutonneux, qui chausse du 40, vous tient tête, a mille exigences, passe d'une humeur à l'autre, traîne toute la journée, teste vos limites, fait des mystères... Mais vous surmonterez cela si vous parvenez à maintenir une communication aussi sereine que possible, et cela implique de ne pas le rabaisser, d'être à l'écoute et de cultiver l'entraide.

## Soyez clair et tenez bon avec les règles établies

S'il existe un règlement intérieur dans l'entreprise où vous travaillez et dans le collège de votre enfant, c'est que cela a bel et bien de l'importance et permet de conserver un cadre sécurisant et qui garantit le confort de tous.

Eh bien, à la maison c'est pareil. Les règles que vous devez instituer ne seront peut-être pas écrites comme chez Super Nanny, mais si elles sont clairement énoncées, elles auront le même impact. Ces règles seront immuables quelque soit l'âge de l'ado.

En vrac, en voici plusieurs, plutôt élémentaires à adopter, à conserver et même à transmettre plus tard :

- Comme on l'a dit plus haut, rendre tablettes et smartphones avant de dormir.
- Ne pas jeter son manteau et son sac n'importe où dans l'entrée.
- Vider le lave-vaisselle si on voit qu'il a fini de tourner.
- Ne pas laisser sa tasse sur la table, mais la mettre dans le lave-vaisselle... Et pas dans l'évier !

- Éteindre les lumières lorsqu'on sort d'une pièce. *C'est pas Versailles ici !*

- Bien refermer la porte si on est la dernière personne à sortir de la maison.

- Ne pas laisser l'eau du robinet couler pour rien.

- Aider à mettre la table, à débarrasser.

- Veiller à son hygiène (corporelle, vestimentaire...)

- Maintenir sa chambre propre (ne pas laisser de la nourriture traîner, faire sa chambre régulièrement).

Listez vos propres règles et n'oubliez pas de préciser les interdits à vos enfants :

- On ne fume pas, et encore moins dans la maison.

- On n'invite pas quelqu'un sans demander l'autorisation.

- On ne sort pas sans prévenir.

Etc.

# C'est la **BASTON** à la maison !

C'est la crise ! Pour on ne sait même plus quelle raison, le ton est monté d'un coup, l'ambiance est devenue pourrie, la communication épouvantable.

Les mots vont bien trop loin et deviennent blessants, dépassant de beaucoup la pensée de chacun. L'objectif n'est même plus d'avoir raison, mais simplement d'avoir le dernier mot.

Chez des personnes qui n'ont pas les mots adéquats ou la patience suffisante, je n'en parle même pas ! Elles peuvent rapidement en venir aux mains, c'est bien plus grave.

Vous connaissez bien votre ado, son mode de fonctionnement, et savez à quel point il est capable de vous tenir tête et de vous mettre en rage. Mais s'il franchit les limites de votre patience malgré tout, et que vous aussi, êtes monté dans les tours, alors il n'y a d'autre solution que de couper totalement court à la discussion avant que ça n'aille vraiment trop loin et que la situation devienne encore plus regrettable : « *OK, on ne s'entend plus. On en reste là. Personne n'avance* ».

Il faut donner à chacun le temps de redescendre en émotion, laisser la colère s'apaiser. Elle retombe heureusement comme un soufflet la plupart du temps.

À vous de déterminer le temps qu'il faudra pour que la conversation puisse reprendre sereinement.

Et rassurez-vous, cela arrive dans toutes les familles, dans tous les milieux !

# La place des **BEAUX-PARENTS**, familles recomposées, pièces rapportées...

La famille recomposée fait désormais partie du paysage familier des Français. Les adultes comme les enfants savent de mieux en mieux gérer cette réalité. Pour autant, dans de nombreuses familles, des problèmes de positionnement persistent :

## LES CONFLITS TERRITORIAUX :

- Comment se sentir chez soi lorsqu'on ne fait une apparition qu'un week-end sur deux alors que tous les autres vivent là en permanence ?
- Comment accepter qu'un inconnu s'installe là où on a grandi et prenne la place de l'un de ses parents ?
- Comment accepter ce type alors que je vis seul avec maman depuis deux ans et veille sur elle ? On était parfaitement heureux ainsi !
- Pourquoi ma chambre est-elle squattée par la fille ainée d'Anne-Marie en mon absence ? Elle a même viré des affaires à moi pour s'installer !

## Les conflits de loyauté :

- Comment accepter d'être sympa avec ma belle-mère alors que maman est encore si malheureuse après le départ de papa ?

- Ai-je le droit de trouver sympathique le type à cause duquel papa a dû plier bagage ?

- Pourquoi maman m'interroge-t-elle sans cesse sur ce que fait papa, qui il a vu cette semaine... ?

## Les conflits d'éducation

- N'est-il pas compliqué d'accepter l'autorité d'une tierce personne à un âge où l'on fait déjà tant de résistance à ses propres parents ?

- À qui obéir et qui fixe les règles dans la maison ? Et pour les sorties, qui doit donner son aval ? Papa n'abuse-t-il pas lorsqu'il demande son avis à sa compagne pour des choses qui me concernent ?

- Je n'aime pas Victoria, en quel honneur devrai-je lui obéir ?

- D'où Léopold m'interdit-il de sortir samedi ou de recevoir mes potes alors que maman m'y autorisait toujours ?

Ceci n'est qu'un bref aperçu de tous les questionnements qui se posent aux enfants de familles recomposées. Alors, parlez-en, instaurez les règles ensemble, car il faut que l'enfant perçoive une vraie volonté de l'intégrer à la construction de cette nouvelle famille, se mette avec vous en quête de solutions, bref, se sente considéré.

Tout cela est très complexe et, pour peu que les membres de la famille recomposée aient des caractères un peu particuliers, peut vite faire des étincelles. Alors, mettez-vous en premier lieu à la place de votre enfant et expliquez-lui que vous tentez - avec Tino ou Carine - de créer un foyer agréable et équilibré dans lequel chacun trouvera sa place, que cela ne se fera peut-être pas en un jour, et que si la situation devient trop complexe, il faudra ensemble demander conseil à un psychologue pour remettre les choses à la place qu'elles doivent avoir et laisser la parole à chacun des membres du foyer.

Les principales règles de savoir-vivre qui existaient dans la famille doivent perdurer (rien de nouveau), ainsi que les libertés qui étaient acquises pour l'ado... Il convient simplement pour le parent de vérifier que David ou Françoise partagent ces vues. De nouvelles exigences peuvent apparaître de leur part, ce qui est normal : nouvelles personnes, nouveaux fonctionnements. Mais alors, parlez-en !

Et rassurez votre enfant : il a le temps de se familiariser avec ces nouvelles règles. Assurez-vous qu'il ait un temps d'adaptation pour absorber ces informations.

Surtout, laissez chacun à sa place : ton beau-père, aussi génial soit-il, ne remplacera jamais ton père, pas plus que Martine ne prendra la place de maman.

Essayez avec cette nouvelle tribu de créer des moments bien à vous, pourquoi pas des sorties sportives qui favoriseront la cohésion, des rituels comme le bowling du samedi après-midi ou la découverte de nouveaux spots de vacances ? Bref, montrez à votre ado qu'une famille recomposée, ça peut avoir aussi plein d'avantages !

Et si le mal-être persiste, demandez de l'aide à des pros !

# Les **BESOINS** élémentaires de l'ado

Finalement, quels sont les besoins élémentaires de l'ado ?

Ce qui différencie l'enfant de l'ado, c'est cette nécessité nouvelle et impérieuse de vivre ses propres expériences hors de la vue des parents et avec de nouveaux interlocuteurs, complices et confidents : ses copains. Il est parfois difficile d'accepter cette prise de distance, de voir la complicité qui vous liait à votre enfant s'étioler, et de souffrir de son ingratitude.

Pour le parent, cela s'apparente en effet à un rejet, une rupture de la communication, mais c'est une étape normale et incontournable.

L'ado ressent également cette rupture, ne vous y trompez pas ! Sa transformation le rend très vulnérable et il va avoir besoin qu'on lui fasse confiance tout en gardant un œil vigilant sur lui pour traverser cette période sans dommage.

Sa personnalité s'affirme : il peut développer des idéaux, une conscience de ce qui lui semble juste ou non. Et cela entraîne souvent une remise en question des valeurs du foyer, le fameux « conflit de génération » qui pointe le bout de son nez..., les *pffffff* et les yeux au ciel....

Plus il grandit, plus il gagne en indépendance (économique, affective...). Mais votre relation ne disparait pas pour autant : elle évolue elle aussi. À vous de maintenir le lien et de construire de nouvelles zones de complicité, le temps que le plus fort de la crise soit passé.

De nombreux parents persistent à infantiliser leurs enfants sur le long terme. Ne soyez pas ce père ou cette mère invasifs et rabaissants avec votre rejeton jusqu'à ses 50 ans ! Pour éviter cela, détachez-vous progressivement mais sûrement. Lui permettre de poursuivre sa vie seul est le plus bel héritage qu'un parent puisse laisser à son enfant. Ce travail sur soi n'est pas toujours simple, mais c'est à l'adolescence que cela doit commencer.

Vous souvenir de tout cela vous permettra sans doute de jeter un œil plus compréhensif sur votre revendicateur vegan en dreadlocks ! Et n'oubliez pas qu'un jour, vous aussi avez eu 16 ans !

# Savoir dire **BRAVO** !

Un des plus beaux cadeaux que vous pouvez faire à votre enfant et à votre ado est de l'aider à construire sa confiance en lui-même.

Et souvent, pour lui permettre de progresser, plus que des longs discours ou des carottes à lui mettre sous le nez, c'est d'encouragements et de reconnaissance qu'il a besoin.

Alors n'oubliez surtout pas de lui montrer la confiance que vous avez en lui, votre certitude qu'il a toutes les qualités pour parvenir à ses fins et franchir les obstacles, félicitez-le à chaque pas en avant qu'il accomplira.

Vous allez me dire, « *OK mais mon ado, moi, je n'ai aucune confiance en lui : il est difficile, rebelle, insupportable, traîne avec des voyous...* »

Eh bien justement ! Adoptez les principes de l'éducation positive en allant à contre-courant de la réaction qu'il attend de vous. Ce sera déstabilisant pour lui, mais pourra lui permettre de se responsabiliser davantage. Par exemple : « *C'est cool, tu n'es pas rentré trop tard, ça te dit de regarder un film ?* » Ou encore : « *J'ai vu que tu avais une interro de maths la semaine prochaine, tu penses que ça ira ?* » L'ado lambda va répondre : « *Ouais ouais, ça va* ». Et là, vous lâchez la bombe : « *C'est top, je suis sûr que tu es tout à fait capable de décrocher une bonne note... Si tu as des questions, n'hésites pas bien sûr à venir me demander de l'aide !* »

# C

## Mon ado pète un **CABLE**

Comme vous l'avez peut-être déjà lu dans « *Les Besoins de l'ado* », votre enfant va évidemment être traversé par un fort besoin de s'affirmer. Nous savons bien sûr qu'il n'est encore qu'un adulte en devenir, mais lui commence à avoir la conviction d'être parfaitement mature.

C'est pourquoi, durant certaines discussions orageuses avec lui, vous aurez la sensation de vous heurter à un mur, un mur de mauvaise foi, de puérilité, de violence parfois...

Il suffit que vous n'ayez pas accédé à une requête, que vous ayez pris une décision qu'il trouve injuste, ou qui contrarie ses plans... Plus l'enjeu sera grand, plus la tempête pourra être violente et entraîner réactions et paroles regrettables...

Les débats des hommes politiques vous sembleront bien fades en comparaison de la nuée d'arguments - plus ou moins valables - que produira votre enfant, et de vos réponses désespérées ! Vos voisins profiteront aussi certainement du débat, comme s'ils étaient devant leur TV... mais sans possibilité de changer de chaîne !

Le but pour l'ado est de sortir vainqueur de la joute. Le vôtre est, la plupart du temps, d'être entendu et de ne pas perdre de vue la raison pour laquelle vous tentez de tenir bon.

Mais parfois, il faut descendre du ring, accepter que le ton s'apaise, car lorsqu'il monte et s'envenime, nul n'en sort ni vainqueur ni grandi.

Et peut-être n'avez-vous pas compris le ras-le-bol de votre ado dans une situation donnée, ou l'importance que quelque chose revêt pour lui... Peut-être, pour une fois, avez-vous posé trop de jalons autour de lui, trop d'interdictions et que la fameuse vis n'a pas été suffisamment desserrée... Prenez du recul sur la situation et réfléchissez-y...

## Retrouver le **CALME** rapidement

- Demandez à ce que chacun baisse d'un ton.
- Dites : on va trouver une solution juste à notre problème.
- Accordez le bénéfice du doute à votre ado.
- Adressez-vous à lui avec respect.
- Faites appel à son intelligence : Tu es suffisamment responsable pour comprendre que...
- Refusez de discuter davantage si le ton s'envenime : on en reparlera lorsque nous serons tous deux calmés.

C'est par votre exemple que votre enfant apprendra à réguler ses émotions et à s'apaiser, alors SOYEZ EXEMPLAIRE. Si vous êtes sanguin, ne vous étonnez pas qu'il le soit aussi !

Et si vous n'avez pas le dernier mot, ce n'est pas la fin du monde.

# Du bon usage de la **CAROTTE** !

Je n'aime pas trop le terme « carotte », car ça a tout de même quelque chose de péjoratif, mais il est vrai que parfois, le fait de proposer une récompense fonctionne ! Alors avec un ado compliqué à gérer, pourquoi ne pas tenter le coup ?

Par contre, soyez logique : gratifier un ado pour mettre la table n'a vraiment aucun intérêt (c'est le minimum et votre enfant doit s'y plier, quitte à devoir vous répéter souvent). Vous devez bien sûr être capable de vous passer de carotte pour les choses quotidiennes et les règles élémentaires...

En revanche, demander à votre enfant de ranger sa chambre s'il vous demande de recevoir un copain est assez cohérent et n'apparaît pas comme une carotte puisque cela revient à dire, « *Tu le reçois si tu veux, tant que c'est dans des conditions décentes* ».

De même, pourquoi ne pas envisager une récompense si un bulletin dépasse vos espérances ? Certains enfants fonctionnent vraiment à l'émulation et peuvent déplacer des montagnes **s'ils y voient un intérêt**. Avec eux, il serait dommage de ne pas utiliser la carotte, mais c'est plus à titre d'encouragement que comme un dû qu'il faut la proposer.

# Sa **CHAMBRE**, son sanctuaire !

Depuis quelque temps, vous retrouvez fréquemment la porte de chambre de votre ado fermée. Mais qu'a-t-il donc à vous cacher, et que se passe-t-il là-dedans que vous ne devez voir? Ce phénomène est lié au processus d'individualisation de l'ado : celui-ci instaure des distances avec ses parents pour se construire une vie bien à lui, avec ses amis propres et ses goûts plus affirmés. Sa chambre devient un lieu à caractère quasi sacré : gare à qui en franchira le seuil sans y être invité !

Pour que votre relation avec votre ado reste ancrée dans la confiance, commencez par vous rassurer : ce n'est pas dirigé contre vous. Alors, laissez les choses se faire naturellement et ne soyez pas intrusif.

Par contre, les règles qui régissent votre maison doivent toujours prévaloir : votre ado doit toujours vous rejoindre pour l'heure du dîner, rendre son téléphone avant de se coucher, vous parler correctement, etc.

Quant à la question du désordre et de la propreté, mes enfants et moi avions un contrat tacite : je n'avais rien à faire dans leur chambre, tant que l'état de celle-ci (si j'entrebâillais la porte) ne me paraissait pas inadmissible, autrement je m'octroyais le droit d'y intervenir, au risque de faire des découvertes !

Laisser de la latitude et respecter l'intimité de vos ados, OUI ! Lâcher-prise sur les règles établies, NON ! Et si l'enfant est prévenu, il ne peut pas vous dire : « *Je ne savais pas* ».

# COMPLEXES et manque d'assurance

Certains enfants manquent cruellement d'assurance, ont une piètre idée d'eux-même, de leurs capacités physiques et/ou mentales, ou souffrent de complexes physiques comme psychologiques.

Cela donne des gosses parfois mal dans leurs baskets, et on se trouve bien impuissant face à cela. D'autant que, durant la période de l'adolescence, cela peut prendre des dimensions alarmantes.

Alors, vous faut-il intervenir ? À quel point ses complexes obsèdent-t-ils ou bloquent-t-ils votre ado ? Une fois de plus, surveillez les signes !

Par exemple en cas de complexes physiques : entretient-il un rapport tordu avec la nourriture (boulimie, régimes continuels, diètes, etc.) ?

En cas de manque de confiance en soi : cela cache-t-il une timidité exacerbée ? Un cercle d'amis inexistant ou trop restreint ? Participe-t-il moins en classe ? A-t-il des problèmes de harcèlement ? etc...

Si la situation vous paraît vraiment douloureuse pour votre ado, un suivi psychologique pourra l'aider à mettre des mots sur ce qu'il ressent, quelques séances d'hypnose pourraient lui apporter de l'assurance, et le sport pourrait être un très bon outil de réconciliation et de maîtrise de son corps.

En tous les cas, soyez force de proposition et rassurez votre enfant sur deux points : 1) Même les gens qui semblent pleins d'assurance souffrent de petites blessures narcissiques, et 2) Le plus timide et le plus mal dans sa peau des ados peut devenir un adulte ultra respecté et heureux.

Et tout enfant, tout ado, toute personne mérite le respect.

# Zéro CONCENTRATION

Le dépistage des troubles de l'attention se fait au travers de batteries de tests très spécifiques, voire de diagnostics médicaux, et nécessitent parfois des traitements assez lourds. Je n'ai pas la compétence nécessaire pour m'exprimer sur cette pathologie.

Par contre, je vois bien que de plus en plus de jeunes (comme d'adultes) manquent cruellement d'attention et de concentration... Ce sont de véritables girouettes, et l'une des causes en est le zapping continuel sur tous les écrans possibles et imaginables. Il faut dire que planter son gamin de 6 mois devant la « *fée télévision* », c'est l'habituer à recevoir passivement des sommes d'informations dont il ne saura que faire.

Désormais, les ados sont continuellement alimentés d'images et d'informations, mais ne sont acteurs de presque rien. Leur attention passe d'une vidéo à une autre. Un fil d'info chasse l'autre. Hormis pour les cours ou certaines chorégraphies Tik Tok, leur mémoire n'est absolument plus mise à contribution (tout est dans le téléphone) et comme la mémoire est un muscle qui se travaille à force d'entraînement, elle leur fait défaut à un moment clef de leur construction mentale. Alléger les temps d'écran peut avoir un effet tout à fait incroyable sur les capacités d'apprentissage de vos enfants. Leurs profs vous diront merci et leurs yeux aussi !

Aidez-les à se réserver des plages sans écrans et à privilégier des activités manuelles, sportives ou intellectuelles.

# Montrer sa CONFIANCE

Faire confiance à son enfant, c'est bien, mais la confiance doit être mutuelle, partagée.

Pour bien grandir, votre ado va avoir besoin que vous lui fassiez de plus en plus confiance. Mais il va aussi devoir vous faire confiance, et comprendre que vous délivrerez progressivement de plus en plus d'autorisations à mesure que vous le sentirez prêt et que le contexte vous semblera "safe".

Soyez certain que s'il est normalement constitué, il enfreindra certaines « règles », pour expérimenter par lui-même (un demi de bière, une heure de gym séchée...). Il ne vous dira plus tout ce qu'il fait, ni qui il voit. Certes, certains ados se confient plus que d'autres, mais ils sont loin d'être majoritaires. C'est ça l'adolescence ! Cela ne veut pas dire que vous avez raté toute son éducation et que vous ne pouvez pas/plus lui faire confiance.

S'il est, lui aussi, confiant dans le fait que vous n'agissez pas seulement pour lui pourrir la vie, l'empêcher de voir ses copains et le contraindre, il comprendra également qu'il y a un moment pour tout, que vous lui laisserez de plus en plus de liberté, progressivement, mais sûrement !

Le plus important est qu'il sache qu'il peut à tout moment venir vous parler si quelque chose d'important ou de grave se produit et qu'il a besoin de votre aide, et ce, même pour les sujets les plus tabous. C'est cela la vraie confiance. N'hésitez pas à lui redire que vous êtes surtout là pour ça !

# **CONFINÉ** avec un ado, l'état d'urgence !

Nous avons tous traversé récemment des périodes de confinement. Avec et pour nos ados, c'était particulièrement compliqué : l'adolescence est une période intense de sociabilisation. Nos enfants y multiplient normalement les rencontres, ont besoin de passer plus de temps avec leurs amis qu'avec nous. Ils se créent de solides amitiés, vivent leurs premières relations amoureuses, leurs premières sorties nocturnes... Tout un champ auparavant interdit s'ouvre progressivement à eux. Cela revêt une importance gigantesque.

Et les voilà coincés à la maison avec papa, maman et la fratrie, pendant le confinement !

Certes au début, c'est sympathique, presque des vacances ! Il n'y a pas pas de cours en présentiel... mais on est tout de même les uns sur les autres, privés de liberté et la situation devient vite désagréable et anxiogène. Eh bien pour l'ado, du fait de tout ce que je vous ai dit plus haut, c'est pire ! Alors soyez cools avec lui. Respectez, plus que jamais, son espace, offrez-lui le plus de latitude possible pour communiquer avec ses amis... Bref, tant qu'il assure ses tâches quotidiennes, ACHETEZ LA PAIX. C'est provisoire et exceptionnel, et sans cela vous risquez d'en baver, surtout si vous devez assurer votre propre travail, l'entretien de la maison, les devoirs ou les cours du plus petit...

# Un **CONTESTATAIRE** à la maison

Votre ado a des posters de Che Guevara au mur, milite dans la branche jeunesse d'un parti, ne rate pas une manif pour le climat et passe ses vacances à défendre des ZAC comme Notre-Dame-des-Landes ?

Cela n'a rien d'anormal. L'adolescence est une très forte période d'affirmation de soi et d'indignation face à ce qui ne tourne pas rond sur terre ou dans notre société.

La meilleure chose à faire est de respecter totalement ce qui vous semble louable (la cause animale peut justifier par exemple de lui laisser une étagère dans le frigo et de limiter la consommation de viande de la famille). Mais surtout, essayez de comprendre sa démarche, quelle qu'elle soit. Discutez longuement avec lui de cette cause qui l'anime, en avançant - tranquillement - vos arguments, comme vous le feriez avec un adulte.

Bien sûr, si vous trouvez son engagement dangereux ou toxique, que vous le pensez embrigadé, ou pire, que cela vous paraît sectaire, prenez conseil sans attendre auprès d'associations concernées par ce problème.

# La confiance n'exclut pas le **CONTRÔLE**

Comme je le dis souvent aux stagiaires que j'accueille dans ma salle de sport : « *La confiance n'exclut pas le contrôle* ».

Car le contrôle est aussi une preuve d'intérêt, de respect pour l'autre. Un salarié aura bien plus de satisfaction et de motivation à échanger sur la qualité du travail accompli, que de ne jamais en débriefer avec personne.

Avec l'ado c'est pareil. En contrôlant de temps à autre les cahiers de cours de votre gosse, sa chambre, etc., vous pourrez parfois identifier un problème et l'encourager calmement à le solutionner, mais vous pourrez également être tout à fait satisfait et ce sera l'occasion de le lui dire !

Votre rôle est d'amener votre ado à l'âge adulte en bonne santé et avec un bagage aussi solide que possible. C'est impossible à faire si vous ne vous intéressez absolument pas à lui.

C'est à cela que revient le fait de ne rien contrôler : à vous en foutre.

Et ça, c'est une forme de maltraitance.

# Valoriser le **COURAGE**

S'il y a un exemple à donner à votre enfant, un atout à lui mettre en main, c'est bien le courage.

Et celui-ci revêt de nombreux aspects.

Il y a bien sûr le courage de faire face à un péril, de ne pas tourner les talons face à une personne agressive ou une difficulté, d'affirmer ses convictions, de déclarer son amour à quelqu'un... Tout le monde n'a pas ce courage-là.

Mais il y a aussi le courage de prendre des initiatives, de mener un travail à son terme, de s'investir dans une tâche parfois compliquée, de mettre son temps à profit pour aider les autres, d'avancer chaque jour avec l'envie de progresser. C'est surtout de ce courage-là que votre enfant doit s'armer...

Si vous voyez qu'il se donne du mal pour réaliser quelque chose, félicitez-le chaudement et dites-lui que vous admirez son courage.

En valorisant cela, vous débloquerez certainement du même coup d'autres formes de courage moins évidentes pour lui, courage physique, ou autre.

Vous avez un rôle clef pour faire naître et grandir certaines formes de courage chez votre enfant. Comme disait Nelson Mandela : « *Je ne perds jamais. Soit, je gagne, soit j'apprends* ».

# COMMUNIQUER sans crieeeeer !

Nous ne sommes pas tous égaux devant nos enfants.

Florence Foresti, dans l'un de ses sketchs, a mis en opposition la maman lambda - fatiguée, qui râle, vit en jogging et fait tous les soirs des pâtes à ses enfants - et la maman « parfaite » toujours ponctuel e, douce, en forme, coiffée et maquillée, celle qui fait pâlir d'envie toutes les mamans de l'école...

Eh oui ! La réalité c'est qu'on ne peut pas toujours être parfait. Tout le monde n'a pas la voix douce et posée, tout le monde n'est pas mesuré, et tout le monde n'a pas un énorme seuil de tolérance face à son ado.

Alors, parfois, les cris retentissent. Ce n'est pas dramatique, mais il est vrai que ça fait rarement avancer les choses.

Pour que tout le monde s'entende (au sens propre comme au figuré), baisser d'un ou deux, voire de trois tons, est une excellente façon de faire.

Malheureusement, ça ne marche pas avec tout le monde.

J'ai une grosse voix et j'avoue que je m'en suis beaucoup servi avec les jeunes que j'aidais, lorsqu'en rogne, ils se mettaient à me hurler dessus. Il ne fallait pas qu'ils croient m'impressionner alors je montrais que moi aussi je pouvais leur défoncer les tympans !

Mais sur ces tournages c'étaient des personnes et des circonstances particulières.

Avec vos ados, ne perdez pas de vue votre objectif : trouver un terrain d'ENTENTE. Faites revenir le calme, quitte à interrompre la conversation et à la reprendre de manière apaisée à un autre moment.

# D

## Mon enfant se met en **DANGER**
## *(s'assurer qu'il est en sécurité)*

### LES DANGERS FAÇON « RITE DE PASSAGE »

Les ados se croient invincibles. La notion de la mort est tout à fait étrangère à la plupart d'entre eux.

Avec l'adolescence et l'individualisation, vient parfois le besoin de se mesurer à de nouveaux défis.

Dans la plupart des ethnies, la sortie de l'enfance fait l'objet de rites de passage, et certains sont assez périlleux (chez les guerriers Massaï par exemple, les jeunes doivent survivre une nuit dehors, puis sont circoncis...)

Un exemple plus proche de nous : les Bretons, autrefois, s'engageaient souvent très jeunes comme mousses sur des navires...

Nos sociétés modernes ont annihilé ces rites de passage, alors les gamins (le plus souvent les garçons) se mettent en quête de sensations fortes pour affirmer leur individualité et montrer leur courage.

Il est donc fort possible que votre ado se tourne vers des activités qui génèrent chez lui de l'adrénaline, et chez vous des sueurs froides : des plus classiques (saut à l'élastique, escalade, motocross, ski hors-piste), jusqu'aux plus étonnantes (arpenter les toits d'églises, explorer des souterrains...), en passant par les plus déplorables (faire partie d'un gang, d'une bande de dealers, etc.).

S'il s'agit de passions dévorantes, inutile d'interdire leur pratique, cela pourrait pousser l'ado à vous mentir et il continuerait de s'y adonner.

Alors, là encore, il va vous falloir leur faire confiance, veiller à ce qu'ils se responsabilisent le plus possible, à ce que leur priorité soit la sécurité (la leur et celle des copains avec lesquels ils font leurs expéditions). Lorsque c'est possible, pourquoi ne pas leur proposer de se diriger vers des associations spécifiques, ou en cohérence avec leur activité (escalade en salle, spéléo, premiers secours...). Cela peut être pertinent.

## Les dangers liés aux fréquentations

Combien de fois ai-je vu de bons gamins traîner avec des petites frappes, de véritables gangs, consommant ou dealant de la drogue, si ce n'est plus... Je ne parle pas du copain qui joue les forts, mais de situations bien plus "borderline".

Mais qu'est-ce qui les attire là-dedans? La sensation d'appartenance peut être grisante : le jeune se sent respecté par « les siens », intouchable, puissant, craint par les autres... C'est souvent cette recherche de sécurité qui motive un tel embrigadement...

Or, une fois que votre gamin sera pris dans l'engrenage, il sera très compliqué de l'en sortir. Ou alors cela nécessitera de l'éloigner géographiquement.

Une nouvelle fois, un ado, ça n'a rien à faire dans la rue. Passée une certaine heure, privilégiez le fait de recevoir ses potes chez vous, même si ça vous est parfois pénible, ou acceptez que votre enfant aille chez ses copains ou sur un terrain de sport. Tout sauf dehors !

## Les dangers divers

Binge drinking, drogue, harcèlement sur le Web, bizutages, alcool au volant... Il existe tellement de situations qui peuvent mettre les jeunes en danger... La plupart d'entre elles peuvent être évitées si une prévention efficace est réalisée. Mais n'oubliez pas de valoriser votre enfant, sa capacité à ne pas se mettre en danger, à ne pas suivre comme un mouton le mouvement général, à réfléchir avant d'agir...

Et si vous voyez que votre enfant a une fascination quasi morbide pour le danger, lui faire voir un psychologue et rencontrer quelqu'un devenu handicapé lors de ce même type d'aventures peut être une bonne idée.

# Ne jamais se **DÉCOURAGER**

Votre ado vous fait bondir, il ne vous écoute pas et vous finissez par être tenté de tout envoyer promener et d'arrêter de lutter. « *S'il veut rater sa vie après tout qu'il le fasse!* », ou pire, de le foutre dehors en lui coupant les vivres... Mais ça, vous n'en avez pas le droit : vous êtes tenus de lui assurer le gîte et le couvert jusqu'à sa majorité. Mais quel constat d'échec !

Si votre ado est physiquement menaçant, n'hésitez pas, par contre, à l'éloigner. Renseignez-vous auprès d'une assistante sociale, ou trouvez un pensionnat...

Et si vous en avez juste marre marre marre de vos incessantes frictions avec Junior, relisez les quelques lignes suivantes.

- Il est normal qu'un ado vous provoque et teste vos limites.
- Il est normal qu'un ado soit flemmard.
- Il est normal qu'un ado soit de mauvaise foi.
- Il n'est pas « anormal » qu'il vous mente.

À la lueur de ce constat, prenez votre mal en patience, et ne lâchez rien. Continuez à faire votre maximum pour que les règles de la maison soient respectées en attendant des jours meilleurs où vous vous retrouverez face à un jeune adulte presque reconnaissant (on peut toujours rêver...), mais surtout tellement plus supportable !

# Mon ado est **DÉPRIMÉ**

Vous trouvez que ces derniers temps, quelque chose s'est éteint chez votre ado...

Les causes peuvent être multiples. Essayez tout d'abord de demander à ses amis ce qu'ils en pensent et si vous devez vous en inquiéter ou non.

C'est l'un des nombreux avantages à les recevoir fréquemment chez vous, vous les connaissez bien, alors profitez-en !

Mais n'oubliez pas de parler également à votre enfant, en lui rappellant que tout être humain peut connaître des hauts et des bas. Prêtez attention à la durée et à la fréquence de ses épisodes de tristesse ou de mélancolie.

Ses changements hormonaux peuvent beaucoup influer sur son humeur mais restez vigilant tout de même, et si cela s'éternise ou que vous voyez que d'autres problèmes se présentent (nourriture, addictions...) demandez vite conseil !

# Il DÉSOBÉIT sans cesse

Si vous commencez à mettre des règles lorsque votre ado a 16 ans, c'est un peu trop tard !

L'ado va éprouver le besoin de s'opposer à l'autorité et c'est en premier lieu à ses parents qu'il se confrontera. Quoi de mieux pour ce faire que de leur désobéir ou de dépasser les limites ?

De deux choses l'une :

- Soit cela ne vous étonne pas, car votre rebelle a toujours été une vraie bourrique. Vous le prévenez alors simplement que vous ferez le nécessaire pour le faire obéir (privation de téléphone ou de sortie).

- Soit c'est tout à fait inhabituel et cela doit alors vous alerter un peu plus… Votre enfant ne serait-il pas en train de vous adresser des signaux de détresse ? Au lieu de lui rentrer dedans, allez posément lui exprimer votre étonnement et vos légitimes inquiétudes pour tenter de déclencher un dialogue constructif…

N'oubliez pas que leurs hormones en effervescence n'arrangent rien ! Le plus cool des ados pourrait changer du tout au tout s'il est amoureux et que vous refusez d'aller voir sa chérie comme il l'avait prévu.

En règle générale, ses priorités ne sont pas les vôtres, alors je vous conseille pour vous faire obéir, de toujours montrer à votre ado que vous tentez également de prendre en compte ce qui est important pour lui.

# DÉSORDRE : Il sème le chaos derrière lui…

Votre ado est super bordélique. Il est absolument impossible qu'il traverse une pièce sans y laisser ses baskets, un sac, deux paquets de bonbecs, un cahier et l'emballage de sa dernière commande Amazon.

Dans sa chambre, c'est pareil, ce n'est pas juste "dérangé", c'est une accumulation d'objets, un encombrement incroyable.

Il peut bien sûr s'agir d'un simple j'menfoutisme, de flemmingite aiguë, ou même de distraction (*Oups, j'avais pas vu !*)

Mais cela peut également refléter un impérieux besoin pour lui de s'entourer d'une multitude d'objets. Tout le monde n'aime pas le vide (qui peut être très angoissant). Et au contraire, l'encombrement serait pour certaines personnes une source d'apaisement.

Donc posez-vous les bonnes questions : tant qu'il ne développe pas un syndrome de Diogène, il n'y a peut-être pas lieu de trop l'embêter avec cela. Après tout, si c'est dans une pièce encombrée qu'il se sent bien…

Adaptez ensuite votre action « répressive » en fonction du problème… et de la zone à ne pas envahir.

## Et un, et deux et trois ZERO !

### Plan d'action :

1 Je te demande aimablement de ranger.

2 Je te rappelle que je t'ai demandé *aimablement* de ranger.

3 Je t'avais prévenu, sanction !

(Fini la sortie du week-end, le match avec les copains, la connexion wi-fi...)

Ma variante personnelle : je n'hésite pas à balancer les affaires par la fenêtre s'il le faut !

# Mon enfant **DÉTRUIT** tout chez nous

Votre ado est un sanguin qui ne sait pas se contrôler et n'a pas conscience de sa force ? Cela fait quatre fois qu'il explose la TV lorsqu'il perd sur *Fortnite* ? Il a déjà eu une fracture du poignet en cognant de fureur dans un mur et la porte de sa chambre est complètement fichue ?

Ce n'est pas un ado que vous avez, mais un Hulk incontrôlable... En plus, il se sent super mal après ça, vous le voyez bien ! Alors, comment faire ?

Bien sûr, il va devoir réparer ce qu'il aura détruit. Et de ses mains si possible (aide pour aller chercher une porte neuve, pose, peinture...), mais cela ne règlera pas le problème : il est potentiellement dangereux pour lui comme pour les autres. Il va donc falloir trouver des solutions pour ne plus qu'il surréagisse.

- Pour commencer, échangez longuement avec lui pour tenter d'identifier ce qui le fait partir en cacahuètes.

- Mettez-le au sport de manière intensive et régulière afin de réguler ses humeurs le plus naturellement possible.

- Emmenez-le dans un « *Fury Room* » où il pourra briser un maximum d'objets avec une batte de baseball, une hache, un marteau, peu importe... Sachez qu'il est toujours possible de casser les objets à l'extérieur, plutôt que chez soi pour assouvir une terrible envie de se défouler.

- Consultez votre médecin de famille qui vous conseillera peut-être d'engager une thérapie courte et/ou des séances d'hypnose ou de sophrologie. Il pourrait également suggérer une évaluation psychiatrique pour explorer le terrain des maladies mentales.

Et si vous pensez que votre ado est juste un insupportable rebelle qui dicte sa loi, faites-vous aider d'un psychologue pour tenter de renouer le dialogue (ou appelez-moi !)

# DEUIL, un décès dans l'entourage

L'adolescence est déjà une période très déstabilisante, mais lorsqu'un événement aussi tragique que la disparition d'un proche advient, cela peut prendre des allures de Tsunami...

Votre ado vient de subir une perte. Qu'il s'agisse d'un parent, d'un grand-parent, d'un oncle, d'un camarade, d'un ami, d'un enseignant, d'un animal... Ce n'est jamais à prendre à la légère.

Certaines disparitions sont plus difficiles à admettre que d'autres. Lorsqu'un grand-père s'éteint, c'est très douloureux, mais on se dit que c'est dans l'ordre des choses. Par contre, voir une "bestie" disparaître, c'est réaliser qu'on est soi-même pas invincible. Voir les parents de cette enfant noyés dans une souffrance infinie, c'est pour l'ado pouvoir se figurer le cataclysme que cela déclencherait pour ses propres parents s'il disparaissait également.

## L'importance de parler

Il est tout d'abord nécessaire de mettre des mots sur les choses. Vous devez annoncer vous-même une telle nouvelle à votre enfant ? Il n'y a pas de « bonne manière » de faire, faites aussi simplement et sincèrement que possible et soyez surtout prêts à accueillir la parole de votre ado.

Même le moins tactile des ados appréciera peut-être dans ces circonstances exceptionnelles de se blottir dans vos bras. Allez vers lui.

Après le choc vient la sidération. Allez marcher longuement avec lui, et parlez de la personne disparue. Laissez votre ado communiquer assidument avec ses amis. Exceptionnellement, peut-être pouvez-vous lui laisser son téléphone plus tard les nuits suivant l'annonce.

Permettez-lui, dans la mesure du possible, d'assister aux obsèques si, bien sûr, il le souhaite.

Dites-lui qu'aussi impuissant qu'il soit devant cette fatalité, il a tout de même la possibilité d'apporter une précieuse consolation à d'autres amis ou proches du défunt.

### Signaux de détresse, les semaines et les mois qui suivent le décès :

- Notes en chute libre.
- Irritabilité exacerbée.
- Nouvelle relation à la nourriture, nouvelle manière de s'alimenter.
- Laisser-aller (vêtements, hygiène, chambre).
- Isolement.
- Signes de mélancolie, dépression. Etc.

Et tout ce qui pourrait vous sembler inhabituel. Cela nécessitera peut-être de vous mobiliser pour tenter de distraire votre enfant, de l'aider à se sentir mieux, à en discuter avec vous ou avec d'autres personnes qui lui sont proches, ou encore de faire appel à un professionnel pour l'aider à enfin faire son deuil.

Malgré toute cette douleur, la vie est plus forte et doit reprendre son cours... Mais il faut lui laisser le temps nécessaire, et c'est parfois long.

# Mon enfant est **DIFFÉRENT**, comment le protéger ?

Que ce soit sur un plan physique, psychique, sexuel pathologique ou comportemental, votre enfant est « différent ». Même s'il parvient à se faire quelques amis, cela l'isole un peu et fait potentiellement de lui une cible facile.

Eh oui, quand on sort de « la norme », le risque est encore plus grand de se retrouver en proie aux moqueries, à la cruauté des autres. Alors, comment l'aider ou le protéger au mieux ?

Si les jeunes enfants ne sont vraiment pas des tendres, les ados peuvent parfois être, eux aussi, extrêmement durs avec leurs pairs, et la différence n'arrange rien.

Certes, à notre époque de #MeToo, #balancetonporc etc... la plupart des ados admettent de moins en moins l'intolérance, le jugement, la violence gratuite. Ils militent volontiers pour la liberté d'être qui l'on veut, d'afficher le style que l'on souhaite sans crainte du regard de l'autre. Mais ce n'est malheureusement pas encore le cas partout, et il est très difficile de prévoir si votre ado subira des moqueries, ou pire, sera harcelé.

Une fois de plus, soyez attentifs à lui, aux signes de souffrance qu'il pourrait exprimer.

Si un quelconque harcèlement est avéré, comment réagir? Évidemment, moi je foncerai au collège et trouverai le moyen de me confronter aux harceleurs et à leurs parents, mais tout le monde n'a pas mon caractère... Alors, n'hésitez pas à discuter avec le corps enseignant des humiliations que subit votre ado, et renseignez-vous auprès des nombreuses associations ou fondations qui militent pour que cesse le harcèlement en milieu scolaire. Elles proposent par exemple aux jeunes des ateliers pour apprendre à répondre à un harceleur. Elles vous indiqueront quoi faire et vous seront d'un soutien précieux.

## Mon enfant est DIFFÉRENT et cela me pose problème

Vous êtes perturbé parce que votre enfant, pour une raison ou une autre, n'est pas dans la norme et portez sur lui un regard gêné.

Le regard des gens posé sur lui... cela vous gêne VOUS... Vous savez que vous devriez l'aimer encore plus, mais n'y parvenez pas spontanément...

Comme vous vous en doutez bien, ressentir cela n'est ni normal, ni très honorable, alors c'est le moment de travailler sur vous pour que vous puissiez dépasser cela, élever votre seuil de tolérance, gagner en bienveillance.

C'est déjà bien d'admettre que, vous aussi, avez une perception complexe de votre enfant, qu'il ne correspond pas ou plus à ce que vous souhaitiez.

Mais en pensant ainsi, vous pourriez être malgré vous à l'origine de certains de ses problèmes : manque de confiance ou d'estime de lui, etc. Alors, ne restez pas seul avec ce sentiment et n'hésitez pas à à vous tourner soit vers des associations, soit à consulter quelqu'un pour vous sentir plus apaisé dans cette relation.

# Rester **DISPONIBLE** pour lui (*même si ce qu'il vous raconte ne vous intéresse pas*)

Voilà un sujet complexe pour tous les parents qui n'ont pas envie d'être considérés comme maltraitants.

L'ado est très partageur de ce qu'il voit sur les réseaux sociaux et il ne pourra pas souvent résister à l'envie de vous montrer les dernières vidéos « insane[1] » qu'il a vues... Mais malheureusement, neuf fois sur dix, ce contenu ne vous fait ni chaud ni froid. Tant de superficialité vous laisse juste perplexe...

Mais toutes les trois minutes, votre ado s'obstine à vous coller son écran sous les yeux avec un impérieux « *Regarde !* ».

Faut-il faire semblant ? Se taire et supporter en silence ? Pire, faire semblant de trouver ça intéressant ?

Non. En plus, il vous connaît bien et verra tout de suite que ça vous gonfle !

Être disponible pour des choses importantes oui, être à sa disposition pour des choses insignifiantes, rien ne vous y oblige, tant que vous lui apportez, tout de même, le temps et l'attention nécessaires.

1 Insane : Incroyable.

# DISPUTE, qui aura raison ?

Lorsqu'une discussion s'envenime, l'un des pires obstacles à la résolution du problème est de vouloir avoir le dernier mot.

L'ado s'affirme tant et si fort (cela fait partie des joies de la métamorphose de l'enfant en ado, c'est normal !) que vous résisterez difficilement à l'envie de lui clouer le bec ou sentirez vite la moutarde vous monter au nez...

Lorsqu'il s'agit d'enfants bien plus jeunes qui s'entêtent, la plupart des pros conseillent de les laisser sortir la tête haute de certains conflits. Cela leur permet de ne pas s'enfoncer dans la mauvaise foi ou dans des mensonges de plus en plus éhontés. Mieux vaut revenir plus tard sur le sujet avec humour...

Essayez de garder cela en mémoire lors de votre prochaine prise de tête avec votre ado ! Donnez-lui, à lui aussi, la chance de ne pas s'enfoncer davantage. Coupez court et revenez paisiblement sur le sujet à un moment plus propice.

Ce sera tout à votre honneur et vous ne perdrez absolument pas la face si vous savez que vous lâchez prise pour de bonnes raisons.

# Mon enfant est de plus en plus DISTANT

Votre ado, qui était auparavant toujours au taquet pour vous raconter sa vie, est moins bavard, moins présent, voire même plutôt fuyant.

La plupart du temps, pas d'inquiétude, c'est assez normal. Comme nous l'avons dit à plusieurs reprises l'ado doit en passer par un processus de séparation d'avec le cercle familial (surtout les parents) pour se tourner davantage vers l'extérieur.

Qu'il prenne de la distance c'est normal, mais ne le laissez pas trop avoir des réactions désagréables ou épidermiques à votre égard. La distance oui, le rejet ou l'insolence, non.

Si l'ado tente de plus en plus d'utiliser l'humour ou l'ironie dans ses conversations, il risquera bien sûr de déraper un peu, d'aller trop loin. Montrez-lui les limites à ne pas franchir. Souvenez-vous que dans les règles auxquelles il ne doit pas déroger, il y a le fait de se mettre à table en famille le soir ! Si votre ado tente d'y échapper pour rester terré dans sa chambre, évitez de le laisser faire. Cela vous permettra de ne pas laisser un fossé de plus en plus profond se creuser entre lui et vous.

Profitez de ces moments quotidiens pour "scanner" rapidement que tout semble aller bien physiquement comme moralement… Car c'est aussi l'âge des premières expériences interdites (boire, fumer, etc.).

# Tu as des **DROITS**, mais tu as aussi des **DEVOIRS**

Voilà une petite phrase qui revient aussi souvent que « *Ne fais pas aux autres ce que tu n'aimerais pas qu'on te fasse !* ».

Elle est frappée du sceau du bon sens.

L'ado en opposition se perçoit comme un « *jeune adulte doué de raison* » qui a tous les droits, celui de l'insolence comme de la désobéissance, mais aussi celui de la provoc'.

Il est donc capable de vous envoyer promener lorsque vous lui demanderez pour la huitième fois quelque chose d'aussi fou que d'aller ramasser la cannette qui traîne encore sur la table basse (depuis hier soir tout de même !).

Vient le moment critique où ce petit chameau à la barbe naissante vous balance « *Ah ça va ! Y'a que toi qu'elle gêne cette canette, si elle te dérange autant, t'as qu'à la balancer toi-même !* »

Voilà le moment de respirer un grand coup...

... Allez, deux grands coups !

Et de lui faire payer chèrement sa petite phrase assassine par un interminable sermon : « *Tu as des droits, mais aussi des devoirs* ».

*« Soyons clairs : TU as pu boire cette fichue canette, car JE suis personnellement allé l'acheter avec l'argent que JE rapporte, le fruit de MON travail. Alors JE suis ravi que tu en aies bien profité, mais cela a aussi un prix, TU as le DEVOIR d'emporter et de jeter ta cannette lorsque TU quittes le salon ! ».*

Continuez en employant tous les exemples (les plus barbants) possibles sur les droits et les devoirs :

- Tu as le droit de rouler en voiture, mais tu as le devoir de maîtriser ton véhicule et ta vitesse.

- Tu as le droit de bénéficier d'un enseignement scolaire, mais tu as le devoir d'être assidu et ponctuel.

- Tu as le droit de recevoir des copains, mais tu as le devoir de t'assurer que tout se passe bien, etc.

Faites inlassablement marcher votre imagination afin qu'il regrette amèrement sa petite phrase malheureuse et perfide.

Vous vous sentirez vite un peu mieux...

Une maltraitance autorisée...

# E

## Le sentiment d'**ÉCHEC PARENTAL**, un passage difficile

Cela fait plus de 13 ans que vous avez franchi toutes les étapes courageusement, avez veillé sur votre poussin jour et nuit, vous êtes levé chaque matin, avez répondu au moindre de ses besoins, vous êtes investi dans son éducation...

Voilà que vous ne reconnaissez plus votre ado, qu'il est devenu terriblement ingrat et vachement moins mignon que le joli gamin que vous habilliez avec goût et qui faisait des sourires charmeurs aux mamies dans la rue...

En plus, ses notes ne sont pas terribles, et il imite le style Kaïra... Dire que vous aviez tout prévu jusqu'à son entrée à l'école Polytechnique !

Rassurez-vous, tous les parents à des degrés divers sont susceptibles de connaître ces doutes.

L'adolescence est une période particulièrement propice à ce genre de ressentis. Ne lâchez rien et patientez un peu (beaucoup). Vous devriez d'ici quelques mois - ou années - voir votre ado se métamorphoser en un adulte extraordinaire... et ce sera bien grâce à vous et à tout ce qui vous y aurez mis d'amour et d'énergie !

# L'ÉCHEC SCOLAIRE, le sujet qui fâche

## MANQUE DE TRAVAIL ET MÉTHODOLOGIE

Votre enfant ne rapporte que des notes médiocres, voire très mauvaises.

Pourtant il clame qu'il « *avait tout revu* », qu'il « *savait tout par coeur* » et il ne comprend vraiment pas comment ça se fait ! C'est limite s'il ne partage pas votre indignation. Quand il ne balance pas que c'est la faute de la prof, « *cette folle qui ne peut pas le saquer* ».

Vous voici au pays de la mauvaise foi et du poil dans la main.

Je suis désolé de vous le dire, mais pour que la situation redevienne normale, il ne faut pas attendre : il va falloir vous investir VOUS.

Vous souvenez-vous du principe de la chambre, qui, si elle est propre, ne nécessite absolument pas votre intervention ?

Et bien pour les notes c'est pareil, répétez-le à votre ado. Si tout va bien, vous n'avez pas à vous en occuper, mais si quelque chose cloche, vous avez tous les droits : regarder chacun de ses cahiers, lui faire réciter ses leçons tous les soirs, sucrer le téléphone et l'ordi le temps qu'il faudra, etc. Bref, il vous faut entrer en action.

Cela ne sera pas simple et vous demandera un énorme investissement personnel, mais ça vaut le coup, alors organisez-vous, tentez de saisir ce que votre ado ne comprend pas, ou ce qui ne fonctionne pas dans sa méthode de travail.

Certaines erreurs à ne pas commettre :

- Faire les devoirs avant d'apprendre les leçons.
- Apprendre le cours la veille de l'interro.
- Perdre un temps fou à faire des fiches qu'ils ne relira jamais.

Référez-vous à des sites de méthodologie, et suivez leurs conseils.

Il faut que les leçons soient toutes sues, même si l'ado n'a pas eu le temps de faire tous ses devoirs.

S'il travaille en amont, la question ne se posera plus.

N'oubliez pas, pour contrer son énorme poil dans la main, de privilégier l'émulation (la carotte) à la répression, « *Si tu t'accroches, que tu joues le jeu et me récite tes devoirs tous les soirs, je te propose d'inviter ta copine Hannah pendant les vacances* ». Le téléphone doit rester hors de sa vue pendant l'apprentissage de leçons.

## Autres causes possibles d'échec scolaire

Peut-être faut-il aller plus loin avec votre enfant et écarter d'autres raisons possibles à ses échecs scolaires : dyslexie, dyspraxie, dysphasie, dyscalculie, dysgraphie, dysorthographie, troubles de l'attention... C'est souvent l'établissement scolaire qui attire l'attention des parents sur ces problèmes, mais pensez-y également, observez sa manière de fonctionner et n'hésitez pas à en parler à votre médecin de famille.

## ÉCOUTEZ-VOUS (*vous avez sûrement la réponse en vous, écoutez votre instinct...*)

Nul ne connait mieux votre ado que vous.

Bien sûr, on peut parfois manquer de tact, de recul sur les choses, mais n'oubliez pas de temps en temps de laisser parler votre intuition.

Vous voulez avoir une discussion avec votre ado, mais quelque chose vous retient? C'est sans doute que ce n'est pas le bon moment.

Vous sentez que quelque chose ne va pas ? Prenez-le en compte et soyez plus vigilant et observateur.

Vous avez édicté une règle, mais à une occasion particulière vous trouveriez bien d'y déroger ? Faites-le ! (ça reste exceptionnel !)

Tant que vous restez dans le respect de votre ado, usez de cette force intérieure qui est en chacun de nous pour avancer sereinement, vous assurer que tout va bien et faire les bons choix.

# Les **ÉCRANS**, cette famille qu'il s'est choisie

Votre ado passe son temps avec son smartphone en main, quoi qu'il fasse. C'est limite s'il parvient à le lâcher pour dîner ou aller aux toilettes !

Il est en outre très branché « jeux vidéo », passe des heures sur son ordi et regarde chaque jour 10 épisodes de la dernière série Netflix ?

Dans son agenda surchargé, vous avez du mal à dégager des moments avec lui. Et il est clair qu'un ado scotché aux écrans voit ses modes de communication tronqués.

Tant de gosses ont été biberonnés aux écrans : dans la voiture pour que ça passe plus vite, au restau pour qu'on ne les entende pas, et à la maison hop, un coup de TV et on a la paix !

Combien d'adultes sont eux aussi scotchés sur leur portable ! J'ai d'ailleurs posté une vidéo à ce sujet : un couple et leur ado dans un restaurant. Les deux parents chacun sur leurs téléphones. Aucun échange, aucune conversation, désastreux ! Et leur pauvre gamin - super sage - qui s'ennuyait ferme !

Alors dans les règles, imposez-le « *À table, pas de téléphone !* » Cela vous empêchera, vous aussi, de céder à vos addictions aux écrans !

Appuyez-vous sur les règles de base (pas d'écran à table, pas la nuit, etc.) et vous parviendrez tant bien que mal à raisonner toute la maisonnée et à préserver de précieux moments de vraie communication.

## Quid des écouteurs ?

L'usage des écouteurs est une vraie calamité pour le système auditif de vos enfants :

- À la maison, limitez l'usage des écouteurs (offrez-lui plutôt une bonne enceinte, tant qu'il n'exagère pas avec le son !).
- Laissez par contre les ados les utiliser pour les voyages.
- S'ils les portent dans la rue, demandez-leur de toujours distinguer les bruits ambiants (klaxons, moteurs, etc.. ).

# À chaque **ÉPOQUE** ses ados ?

Vous trouvez les nouvelles générations franchement pathétiques ? Leurs goûts, leur manière de parler, les musiques qu'ils écoutent, tout vous déroute ?

Vous vivez absolument ce qu'ont vécu toutes les générations avant nous.

Claude François passait pour un véritable rebelle aux yeux de nos arrières grands-parents, et Johny Hallyday était harcelé par des hordes de vieux en colère, tant sa musique leur paraissait inaudible et ses messages inconvenants.

Ce que vous ressentez lorsque votre gamin vous colle du gros Rap, de la K-Pop ou de l'Electro qui tache... vos parents l'ont sans doute ressenti lorsque vous écoutiez de la musique Grunge, du Punk, Depeche Mode ou Madonna...

Vous trouvez leurs paroles et leurs rimes pauvres, le contenu affligeant ? Vos parents pensaient la même chose de ce que vous écoutiez.

Ce n'est qu'un éternel recommencement. Le conflit entre générations a toujours existé, les gamins turbulents ont toujours existé (*la Guerre des Boutons*, ce n'était pas tendre !), il y a toujours eu des cancres qui ne pigeaient rien et des grosses têtes.

On dirait que les modes ne sont là que pour permettre aux générations de se succéder en pouvant s'affronter un peu !

## Rester **ENTHOUSIASTE** et drôle
## (*facile à dire*)

Soyons clairs, si les dîners avec vous sont une torture, que la fatigue de la journée plombe tout le monde et que l'ambiance est tout bonnement glaçante, pourquoi votre ado aurait-il plaisir à vous rejoindre à table ?

Bien sûr chacun vit des moments *avec* et des moments *sans*, des moments de découragement ou d'inquiétude. Mais un peu de gaîté, trois vannes et quelques marques d'attention pour l'autre, ça peut tout changer !

Essayez d'être dans l'échange : demandez-lui comment s'est passée sa journée et comment il va, lui. Parlez-lui de la vôtre, envisagez ensemble le prochain week-end ou les prochaines vacances, évitez les reproches, bref, faites de ce moment un moment de paix, mais aussi de joie !

# ESPIONNAGE/flicage : Quels risques encourez-vous à jouer les détectives ?

Beaucoup de parents ont du mal à accepter l'idée qu'une partie de la vie de leur enfant leur échappe.

### QU'EST-CE QUI CHANGE À PARTIR DE 13 OU 14 ANS ET QUI FAIT TANT FLIPPER LES PARENTS ?

- L'ado rentre seul du bahut (en prenant son temps pour rester un peu avec les copains), et est donc susceptible de faire de nouvelles rencontres pas toujours recommandables. Le spectre des amis s'élargit énormément... Vous découvrez chaque jour l'existence de nouvelles personnes...

- Il erre continuellement sur les réseaux sociaux, cette jungle pleine de prédateurs potentiels.

- Il amorce ses premières relations amoureuses, ou pire, s'éveille à la sexualité !

- À l'entendre, tous les gosses de sa classe fument et boivent depuis le CM2, comment lui y résiste-t-il ?

Etc.

Régulièrement, vous l'interrogez, faites ses poches, utilisez le contrôle parental pour savoir ce qu'il dit sur

Insta, ou faites des descentes surprises devant le collège ou dans sa chambre.

Ce n'est vraiment pas une idée géniale d'aller chercher les problèmes, surtout si votre ado semble ne pas en avoir. Côté confiance mutuelle, c'est totalement contre-productif.

Il est normal que l'ado cesse de tout vous dire et fasse ses propres expériences, surtout celles qu'il ne peut pas faire avec vous ! Vous-même, aviez-vous raconté votre premier baiser ou votre première cuite à votre mère ? Je ne le pense pas !

Retenez-vous d'être continuellement intrusif avec votre ado.

Si vous soupçonnez quelque chose de grave, alors oui, vous pourrez intervenir, mais tant que cela ne se justifie pas, il vous faut apprendre à faire taire votre angoisse et à montrer à votre enfant :

- qu'il est assez grand pour mériter votre confiance ;
- qu'il a suffisamment de caractère pour ne pas faire n'importe quoi ;
- qu'il sait prendre soin de lui, de sa santé et de son corps ;
- qu'il saura ne pas se mettre dans des situations difficiles ou dangereuses.

N'allez pas plus loin, vous n'avez aucune raison de vous inquiéter.

Il faut bien sûr tout de même continuer à le cadrer (horaires de retour, etc.). Mais pitié, laissez-le vivre sa vie, qu'il sache juste que vous êtes là en renfort, toujours ouvert à la discussion ou en cas de pépin.

### Les risques que l'on encourt à ne pas faire confiance et à chercher la faute :

- Perdre pour longtemps la confiance de votre ado.
- Créer un enfant peu autonome à l'extérieur (car surprotégé) et qui n'aura pas confiance en lui face à de nouvelles personnes, de nouveaux lieux, de nouvelles situations…
- Créer un enfant qui n'aura aucune limite dès qu'il sera lâché dans la nature, qui cédera naïvement à toutes les bêtises et tentations possibles et multipliera les mauvaises rencontres et les excès.

S'il sait que vous lui faites confiance, il grandira confiant et aura un caractère suffisamment affirmé pour adopter la meilleure attitude possible.

# Mon ado est infernal, faut-il que j'appelle un **EXORCISTE** ?

Hurlements, claquements de porte, confrontation permanente avec vous ou avec ses frères et sœurs. Votre ado est juste abominable !

Il vous met sa mauvaise humeur du soir au matin sous le nez, s'emporte à la vitesse de la lumière, c'est le feu sous la glace.

Lorsqu'il est joyeux, c'est pour se foutre de vous et de tout le monde. Il est souvent blessant, soyons clairs, niveau empathie, c'est zéro !

Vous êtes dans l'oeil du cyclone. La seule chose à faire est de tenir bon la barre, de ne pas « *monter dans les tours* » avec lui et de ne pas non plus hésiter à sévir si l'ado déroge aux règles de base et se montre ouvertement irrespectueux.

Dans cette épreuve, si possible, mettez-vous en accord avec votre conjoint, pour que chacun puisse épauler l'autre lorsque les limites seront en train d'être franchies. L'union fait la force et vous en avez bien besoin !

Un ado qui en vient aux mains, c'est évidemment un autre problème, à ne pas prendre à la légère. Pour marquer dans son esprit à quel point c'est anormal et déviant, prenez les choses avec la plus grande gravité. Faites un conseil de famille, consultez un médiateur ou voyez un coach avec lui, et surtout prenez les choses en main pour bien lui montrer que cela ne doit plus jamais se reproduire et ce, sous aucun prétexte.

Ces accès de violence pourraient sinon être assimilés dans son esprit à quelque chose de banal, donc excusable et « *qui peut arriver* ».

S'il a besoin de s'exprimer physiquement, amenez-le moi dans ma salle : je pense qu'après une petite séance à ma manière, il n'aura plus trop l'énergie de râler...

# F

## L'ado **FAINÉANT**, une fatalité ?

Vous venez de passer des années à canaliser l'incroyable énergie de votre gamin. Vous n'avez pas eu une minute à vous tant son besoin d'activité était important. Et tout à coup, ce gosse toujours partant et plein d'enthousiasme se traîne, vit vautré sur le canapé et rechigne à faire la moindre activité. Tout ce que vous proposez de sympa le gonfle (aller se balader, faire un ciné) et ne parlons pas des choses plus contraignantes (débarrasser la table, ranger ses chaussures) ! Une véritable mutation s'est opérée.

Votre ado est désormais capable de rester des heures affalé sur son lit, même pour faire ses devoirs. Cette vision vous emplit d'incompréhension et d'agacement.

Rassurez-vous, ce n'est qu'un passage que vous aussi avez traversé au même âge. Vos parents n'avaient pas la chance à l'époque de savoir à quoi cela était dû ! Les chercheurs se sont depuis penchés sur cette épineuse question et ont découvert que cela était lié aux transformations hormonales et métaboliques chez l'adolescent.

Nos ados ne font donc pas semblant d'être fatigués, ils le sont bel et bien.

Leur rythme de sommeil vous semble déréglé, anarchique, et cela a une cause physiologique. Il ne sert à rien de tenter de les contraindre. Ils sont bel et bien en constant décalage horaire.

Mes parents, eux, ont eu de la chance, car j'ai toujours débordé d'énergie (sinon, vu leur degré d'exigence, ça aurait été compliqué pour moi, croyez-moi !). Mais je faisais figure d'exception. Cet état de fait a pour la grande majorité des ados des conséquences compliquées : manque de motivation, déprime, irritabilité, émotivité exacerbée...

Je vous conseille donc de n'exiger de vos ados que le minimum syndical : se lever à des heures décentes, débarrasser la table, maintenir leur chambre propre... N'entrez pas dans une guerre vaine et attendez que leur énergie revienne naturellement.

Tant qu'ils vont à leurs cours et répondent présents pour leurs différentes activités, tout va bien.

# La **FAMILLE**, un refuge pour toujours

Certaines familles sont moins démonstratives que d'autres, mais ce qui fait leur force, c'est leur cohésion, leur capacité à garder leurs membres soudés. Je parle ici du premier cercle (grands-parents, enfants, parents, oncles, tantes, etc.)

Cultiver l'esprit "Tribu" est merveilleux. Cela implique que chacun y trouve sa place, y soit accepté, s'y sente protégé par les siens.

Vous connaissez certainement autour de vous des familles qui forment de véritables tribus. Souvent, cela émane de traditions, comme dans les familles corses, croates ou italiennes, où la famille est au coeur de tout. Mais si vous n'avez pas une grande tradition familiale de ce type, comment faire de votre foyer ce refuge intouchable, cette zone de paix, rassurante, où tout peut être dit, mais où on est toujours bienvenu ?

Je pense que le secret est la bienveillance : apprenez à ne jamais dire du mal des vôtres, à ne jamais dévaloriser quiconque, à protéger l'intimité de chacun, à toujours tenter de faire au mieux pour tous, à avoir du plaisir à faire plaisir.

Cela n'empêche pas les choses d'être dites, mais permet à chaque membre de la famille de s'y sentir aimé et en sécurité.

# Misère, j'ai engendré un **FÊTARD** !

Votre gamin est le roi de la "night" et ne pense qu'à ça ! Pour lui, toutes les occasions sont bonnes pour rameuter les potes, pousser les décibels, initier des sorties en boîte, déboucher des bouteilles et vivre la nuit !

De nombreuses personnes ont survécu à cela sans problème.

Une fois de plus, tant qu'il remplit ses obligations, qu'il ne se met pas en danger, pourquoi l'empêcher de s'éclater ?

Vous aussi vous aimiez cela lorsque vous aviez leur âge ! (Et peut-être encore aujourd'hui !)

Par contre, la période de l'adolescence couvre plusieurs années et ce qui est vrai à 17 ans ne l'est pas à 13.

Il va vous falloir :

## ATTRIBUER LES AUTORISATIONS DE SORTIE DE MANIÈRE PROGRESSIVE :

De la première boum qui se termine à minuit (en présence des parents), à la semaine de vacances en boîte avec des potes au Cap d'Agde, il y a un gap énorme !

En fonction de la maturité de votre enfant, de son entourage, vous lâcherez la bride.

## VOUS ASSURER QUE VOTRE ADO EST EN SÉCURITÉ

- Valoriser les solides amitiés peut permettre à votre enfant de sortir souvent avec son cercle de proches amis.

- Encouragez-les à prendre soin les uns des autres, à avoir toujours un œil les uns sur les autres : la fille d'un couple d'amis s'est retrouvée malade à crever, avec un gigantesque trou noir, après avoir accepté un verre en boîte de nuit. Elle ne boit pas une goutte d'alcool, aussi est-elle convaincue d'avoir absorbé du GHB. Dieu merci, ses amis ont vu de suite qu'elle allait mal et ont pu prendre soin d'elle ! Alcool ou pas alcool, convainquez vraiment vos enfants de sortir en équipe !

- Puisqu'on parle alcool, on ne peut pas faire autrement que de parler de *Sam*. Je suis très investi dans la sécurité routière, c'est un sujet qui me touche particulièrement. Évidemment, je vous conjure de ne pas prendre les choses à la légère ! Le retour, soit vous l'assurez, soit l'un d'eux est *Sam*, et si jamais *Sam* n'a pas été à la hauteur, vos enfants ne doivent pas hésiter à vous appeler, à appeler un taxi ou à trouver une solution pour dormir sur place si c'est safe !

## EVITER LES PROJETS X À LA MAISON

Avec les réseaux sociaux, la nouvelle d'une bonne soirée peut se répandre comme une traînée de poudre. Alors si vous voulez éviter de retrouver Médor dans l'aquarium, votre salon noyé par une soirée *mousse & vomi*, votre toit transformé en piste de ski et votre voiture à moitié encastrée dans la cuisine, blindez le sujet, c'est-à-dire que c'est à vous de rassurer votre enfant. « *Si un jour tu te retrouves débordé, qu'une soirée (même clandestine) prend une mauvaise tournure, surtout n'attends pas que ça dégénère et appelle-nous de suite, on comprendra et on ne t'en tiendra pas rigueur* ».

Idem si un de ses invités fait un coma éthylique ou autre, votre enfant doit savoir qu'il peut à tout moment vous appeler, que vous ne lui tournerez pas le dos ou ne le pénaliserez pas par la suite si ça tourne au vinaigre, voyez qu'il a trop bu ou autre... Ce n'est pas la question. L'important est qu'il vous appelle au secours sans attendre pour que la sécurité de tous soit assurée.

# L'usage de la **FORCE**... mentale

Combien de personnes affirment encore qu'« *Une bonne fessée, ça n'a jamais fait de mal à personne !* ».

Sauf que si ! Par définition, la fessée est destinée à faire mal.

Au même titre que la claque, la ceinture, le coup-de-poing et que sais-je encore.

## LA GIFLE, ET POURQUOI PAS UNE POÊLE TANT QU'ON Y EST ?

Si enfant, vous avez reçu une bonne gifle de temps en temps, vous aurez du mal à ne pas être tenté de reproduire cela sur vos enfants.

J'ai moi aussi pris des gifles lorsque j'étais enfant, et j'en ai filé à mes gosses de manière ultra exceptionnelle ! Lorsque la loi l'a interdit, j'ai d'abord pensé que c'était une aberration qui privait le parent de sa liberté d'éduquer ses enfants comme il l'entendait. Mais elle protège surtout les enfants de parents tordus, qui infligent au quotidien des châtiments corporels, sans mesurer leur force, juste pour se défouler. Alors, soyons clairs, cette loi, au final, elle protège tout le monde !

Grâce à elle vous pourrez trouver de nouvelles façons de réagir (des façons qui vous laisseront plus fiers de vous et qui ne creuseront pas un fossé trop grand avec vos enfants).

Abandonnez toute velléité d'user de la force physique, mettez votre esprit à contribution pour trouver des solutions différentes et vous apaiser.

Dites merci à cette loi, ne la regrettez pas : elle va vous permettre de grandir encore plus aux yeux de vos enfants et de leur transmettre plutôt votre force mentale, celle qui leur permettra de se fixer des objectifs ou de tenir bon, même lorsque le chemin sera long (cela m'a pris 8 ans avant que je puisse participer au Championnat du monde de Kung-Fu, mais j'y suis arrivé !)

Avec un bon mental, votre ado pourra entreprendre de belles choses. Avec une bonne mentalité, il saura en faire usage sans que cela nuise à quiconque.

# Guerres **FRATRICIDES** et repli stratégique

Il y a des fratries soudées comme des fratries très conflictuelles. Sur ce point, les parents sont plutôt impuissants. Ils peuvent tenter de tout mettre en place pour préserver la relation de leurs enfants sans jamais y parvenir. Ils auront même parfois le sentiment d'attiser les frictions malgré eux.

L'écart d'âge compte aussi : une trop grande différence peut créer des distances et un écart très restreint peut également générer des tensions ou des jalousies féroces.

Les relations de la fratrie pourrissent parfois l'ambiance de la maison, mais gardez à l'esprit qu'une des forces de vos enfants est leur capacité à trouver la voie de la réconciliation. Si vos enfants s'inscrivent dans ce dernier schéma, je pense que la meilleure posture est de ne pas culpabiliser, de continuer à conserver la plus grande équité possible envers eux, de passer du temps avec chacun d'eux et de ne pas forcer les choses pour qu'ils s'entendent pour vous faire plaisir. Mais n'hésitez pas à vous interposer si la situation l'exige, à mettre des règles en place et à leur indiquer les limites à ne pas dépasser.

Si vous voyez vos deux adorables ados se hurler dessus, s'envoyer des noms d'oiseaux à la figure et se pousser à bout, respirez un grand coup et visualisez la belle entente qui régira (peut-être) leurs relations plus tard. Restez neutres ! Si cela vous est possible, sortez faire un tour le temps que ça passe... Ça ne vous fera pas de mal !

# FRÉQUENTATIONS douteuses, comment lui éviter l'emprise… ou le poste de police ?

Votre ado va élargir son cercle relationnel et évidemment, il y aura à prendre et à laisser !

Ses rencontres seront le reflet de la société. Il va découvrir beaucoup de nouvelles personnes d'autres milieux, d'autres origines, et c'est une vraie richesse.

S'il s'intéresse aux autres et est ouvert d'esprit, c'est qu'il fonctionne intelligemment.

C'est l'intelligence du coeur, mais comment l'aider :

- à distinguer le bon grain de l'ivraie ;
- à ne pas donner sa confiance bêtement ;
- à ne pas se laisser entraîner dans des plans foireux ?

Je vous conseille une fois de plus de valoriser son cercle amical proche. Si vous recevez beaucoup ses amis, qu'ils sont chez vous comme à la maison, que votre ado est souvent reçu par les parents de ses potes ou de ses copines, c'est top.

Lorsqu'adviendra le mauvais génie, cette brebis galeuse qui voudra pousser Junior à dealer du shit ou entraînera une Juniorette transie d'amour dans des aventures peu recommandables, vous verrez les amis faire front et se mobiliser pour vous aider.

Quoi qu'il en soit, pour éviter au maximum ces situations :

- ne laissez pas vos ados traîner dans la rue (à certaines heures) ;
- valorisez le cercle proche ;
- ne vous braquez pas à chaque fois qu'il vous parle d'une nouvelle personne ;

Si votre enfant commence à partir en cacahuète et à faire n'importe quoi avec un copain dont vous connaissez le pédigree judiciaire, prenez-les tous deux entre quatre yeux et faites-lui savoir que vous ne le laisserez pas faire sans réagir : « *Mon fils, il ne sait pas qui tu es vraiment, mais moi, je te connais, moi je sais qui tu es ! Alors s'il se passe quoi que ce soit, attends-toi à ce que je te tombe dessus !* »

# FUGUE : À qui la faute et comment réagir

Un ado peut décider de fuguer :

- pour fuir quelque chose (une maltraitance, etc.) ;
- pour suivre quelqu'un (un crush, etc.) ;
- parce que la communication avec ses parents est très compliquée ;
- parce qu'il a un problème personnel ou un réel mal-être et ne sait comment y faire face ;
- parce qu'il poursuit un idéal (loin de ce que son foyer lui inspire) ;

Etc.

Je rappelle que l'adolescence est une période de changements physiques et hormonaux épuisants et très déstabilisants.

Les sentiments sont de fait amplifiés : l'ado s'indigne, s'émeut, se met en colère, ou s'assombrit toujours plus vite et toujours plus fort.

L'adolescence est donc un moment important où le parent, tout en continuant à faire preuve de bienveillance et en restant à l'écoute, doit surtout montrer la même autorité qu'auparavant.

Conserver l'enfant dans un cadre sera rassurant pour lui, sécurisant.

Si votre enfant menace de fuguer, responsabilisez-le et évitez les négociations. Tournez-vous sans attendre vers des professionnels ou des associations qui vous aideront à repérer les signes avant-coureurs (l'ado prépare souvent sa fugue à l'avance).

Montrez lui ce que cela représente de fuguer : « *Tu as vraiment envie de fuguer ? Très bien, on va fuguer tous les deux* ». Vous partez, dormez dehors, sans but réel, vos téléphone se déchargent, votre argent file... Vous verrez bien combien de temps il tiendra ainsi.

Alcools, drogues, prostitution... Les dangers sont multiples. Ne prenez pas cela à la légère, car les enfants fugueurs multiplient les chances de tomber sous influence.

Tablez avant tout sur la communication. Rassurez votre ado sur le fait qu'il peut et doit vous faire confiance, que vous l'aimez tous profondément. Tenez-vous au courant de ses fréquentations, car une seule personne peut suffire à foutre en l'air une éducation.

# Mon ado est un **GEEK/GAMER**, et c'est l'horreur !

Votre ado est non seulement scotché aux écrans, mais est également addict aux jeux vidéo.

Qu'il aime ça OK, qu'il soit addict, non !

Sachez que les indications sur les différents jeux sont vraiment faites pour vous aiguiller. En fonction de l'âge, les jeux types *GTA*, *Call of Duty*... sont fortement déconseillés aux moins de 18 ans voire aux moins de 12 ans. Autoriser un enfant de 10 ans à jouer à ce type de jeux, cela arrange peut-être les parents à un moment. Mais cela revient à prendre un risque, car votre enfant n'est psychiquement pas près :

- à subir la pression inhérente au jeu, à ses enjeux ;
- à voir les scènes de violences qui rythment le jeu ;
- à résister à son côté addictif.

Les jeux vidéos peuvent être aussi addictifs que les jeux d'argent, l'alcool ou la cigarette. À ce titre il existe des consultations spécialisées pour désintoxiquer ados ou plus jeunes enfants.

Pour vous aider à gérer vos ados et leurs jeux, suivez les indications portées dessus à la lettre (c'est comme ça et pas autrement), n'autorisez pas votre enfant à jouer dans sa chambre - encore moins le soir - et pensez parfois à faire une partie avec eux. Jusqu'à un certain âge, limitez-les à une heure de jeu. C'est suffisant, quitte à faire une heure le matin et une heure l'après-midi les week-ends. J'ai adopté cette règle avec mes enfants, c'était une heure de jeux et pas une minute de plus ! S'ils n'avaient pas fini leur partie, tant pis, j'éteignais tout !

Conjurez-les de ne jouer en réseau qu'avec des personnes qu'ils connaissent *dans la vraie vie*. Tant de tarés, de prédateurs sexuels errent sur les jeux en réseau et y font leur « marché » !...

Si Junior devient un ultra gamer, l'essentiel de sa vie se déroulera entre les 4 murs de sa chambre, un casque sur les oreilles et les yeux explosés. C'est un âge où les passions prennent parfois toute la place. Passion folle pour la mode, pour les mangas, pour la pratique d'un sport, pour instagram, pour l'exploration urbaine ou les bécanes... Et les jeux, c'est tellement addictif !

Peut-être cette addiction aux jeux ne sera-t-elle que passagère... Veillez, le temps qu'elle dure, à faire respecter les règles de base qui aideront votre enfant une ou deux fois par jour à lever les yeux de son écran et à faire quelque pas dans le monde réel en parlant à de vraies personnes... vous compris.

## Mon ado me trouve **GÊNANT** (*je lui fais honte... et j'aime ça*)

Vous êtes parfois d'humeur blagueuse... marchez dans la rue et faites l'andouille sous les yeux atterrés de vos ados, adoptant une démarche bizarre et faisant rire tout le monde sauf eux...

Continuez. Si vous, ça vous amuse, c'est déjà ça !

Vos ados adoreront le soir se plaindre de votre comportement "trop bizarre" auprès de votre conjoint(e).

Il faut qu'ils apprennent le second degré, c'est très bien. Si vraiment vos enfants semblent ne pas en rire, inutile de persister, ça pourrait vraiment devenir lourd pour eux. Si leurs amis traînent dans les parages, évitez d'y aller trop fort... (ou alors, faites les chanter contre votre silence...)

## Il a **GRANDI** trop vite (*mais où est mon bébé ?*)

Votre fil Facebook vous rappelle qu'il y a encore deux ans, Junior faisait deux têtes de moins que vous et jouait en pyjama avec une voiture télécommandée.

Désormais, il vous appelle d'une grosse voix, a changé 4 fois de pointure de chaussures en 6 mois, s'achète lui-même ses fringues et ne supporte plus que vous l'appeliez « mon bébé ».

Juniorette, elle, se maquille comme une déesse, passe le plus clair de son temps le nombril à l'air et a une véritable obsession pour ses cheveux.

Tous deux se font à manger tout seul sans problème, ne souhaitent plus jamais votre aide pour réciter leurs leçons ou comprendre un chapitre de maths (de toute manière, vous n'avez plus le niveau pour les aider depuis la fin de la 5ème).

Bref, vous vous demandez où est passé votre bébé. Une vague de nostalgie vous envahit et en même temps apparaissent vos premiers cheveux blancs et quelques rides...

Vous ne pourrez pas arrêter le temps et les empêcher de grandir eux aussi, alors essayez de voir le bon côté des choses : vous allez pouvoir ENFIN prendre un peu plus de temps pour vous : sport, sorties avec vos amis, pratiques artistiques, voyages, etc.

Tout ce que vous aviez mis entre parenthèses par manque de temps, vous allez pouvoir vous y adonner de nouveau. Peut-être même pourrez-vous partager l'une de ces passions avec l'un ou l'autre de vos enfants !

Votre ado prend peu à peu son envol et c'est une très bonne chose. Après tout, il ne vous appartient pas !

Donnez-lui les armes suffisantes pour devenir autonome et responsable, entretenez malgré la distance des liens complices et affectueux.

Il est peut-être temps de créer même une nouvelle complicité, d'adulte-parent à adulte-enfant.

# GRANDS-PARENTS d'ados

Lorsque les enfants deviennent ados, il est intéressant de voir comment leurs relations avec leurs grand-parents évoluent. Vous n'êtes alors plus l'intermédiaire, celui qui l'emmène chez mamie, lui passe papi au téléphone, etc.

Très souvent, vous verrez que l'un de vos enfants entretiendra une relation privilégiée avec l'un ou l'autre de ses grands-parents.

Que vous aimiez ou non belle-maman, vous ne pourrez normalement pas lui interdire de voir ses petits-enfants. C'est d'ailleurs un droit (de plus en plus de grands-parents font des recours en justice lorsque les parents s'opposent à leurs visites).

Bien sûr, si papi était lui-même maltraitant avec ses propres enfants, il est légitime pour un parent d'établir des limites fermes.

Mais ce n'est pas la majorité des cas heureusement, et le grand-parent est souvent un appui génial tant pour le parent (plan B de garde, sortie d'école quand ils sont petits, médiation quand ils sont plus grands) que pour l'ado (quand il a besoin de se confier à quelqu'un d'autre qu'à ses parents ou de trouver refuge en terrain neutre).

# B***** de M**** ! Mon ado est **GROSSIER** !

Votre ado est comme tout le monde, il entend souvent des jurons et des insultes. C'est parfois même vous qui les dites !

Les gros mots et les insultes, tout le monde les connaît parfaitement, mais mieux vaut en limiter l'usage. Vous devez à ce titre être exemplaire.

Comme vous pouvez l'imaginer, j'ai le plus grand mal à garder mon calme si on m'insulte ! Je suis toujours poli, courtois et respectueux, mais si on me pousse, alors oui, j'ai moi aussi un répertoire bien fourni ! Mais cela reste très exceptionnel.

Par contre entre lancer un juron de temps en temps « *Merde ! j'ai oublié de faire ça !* » et être insultant, il y a une ÉNORME différence.

Votre enfant aussi entend de tout au collège et va donc certainement étoffer son vocabulaire (dans le mauvais sens du terme). Aidez-le à bien faire la différence :

- Dire « *P***** j'ai oublié mon carnet de correspondance* », ou « *M**** je ne trouve pas mes baskets* », pourquoi pas ?
- Traiter sa frangine de « *P**** » et vous dire « *M***** » à vous, c'est juste inadmissible !

Telle est la différence entre gros mots et insultes.

Ne tolérez pas ces dernières, et demandez à votre ado de surveiller son langage. Il parle peut-être ainsi lorsqu'il est avec ses potes, mais avec vous ou toute autre personne, c'est NIET !

S'il pousse le bouchon et vous provoque, sévissez vite, car vous ne lui ferez pas un cadeau en passant l'éponge. Au contraire, indignez-vous et faites-lui la leçon ! Vous lui rendrez service.

# La **GUERRE D'USURE** est déclarée, ne pas craquer (*ne pas pleurer*)

Avec l'adolescence, vous pourriez bien découvrir une facette de votre enfant que vous ignoriez jusqu'à présent.

Il est capable de faire preuve d'une détermination, d'une insistance tout à fait étonnantes.

Certains ados peuvent passer plusieurs jours sans adresser la parole à leurs parents, créant une ambiance délétère dans la maison et n'apparaissant que pour les provoquer ou claquer les portes bien fort.

Il y a également les super harceleurs, cas particulièrement agressifs, mais qui ne lâchent rien lorsqu'ils veulent quelque chose. Convaincus que vous finirez par céder, ils vous poursuivent d'une pièce à l'autre, monopolisent la parole à table pour tenter de vous convaincre, passent de la supplication à l'indignation, vous envoient des SMS à longueur de temps pour vous relancer...

Il y a les ados usants qui veulent toujours avoir raison... Il vous faut leur tenir tête ! Faites votre démonstration intelligemment et gentiment, qu'ils puissent repartir la tête haute.

Ce ne sont là que quelques exemples, mais si vous avez un ado de ce type, bon courage ! Le premier risque d'avoir des problèmes dans la vie s'il est aussi soupe au lait dans son travail et avec ses amis... Il serait bon de lui apprendre à mieux gérer ses émotions.

Le deuxième, s'il garde un peu d'éthique, sera capable de vendre des fenêtres à une personne qui vit sous une tente. Et ça, ce n'est pas donné à tout le monde !

Le troisième devra comprendre que tout le monde peut avoir tort un jour. Le sport pourrait lui apprendre à mieux gérer la victoire comme la défaite.

# Le **HARCÈLEMENT**, toujours pas passé de mode

Chaque année des ados se donnent la mort après avoir été harcelés, ou qu'on les ait fait chanter. C'est dire que la question du harcèlement n'est toujours pas réglée, et ce, malgré les nombreuses campagnes de prévention mises en place dès l'école primaire.

Ce mal touche même les adultes, alors comment venir à bout de ce problème et protéger nos enfants ?

Un élève peut se faire harceler pour n'importe quelle raison :

- Physique : boutons, acné, poids, couleur de peau, coupe de cheveux, grande ou petite taille, etc.
- Autres : Religion, niveau en classe, timidité, bégaiements, voix ou accent particuliers, handicap quelconque...

Le téléphone et les réseaux sociaux sont, de nos jours, des véhicules du harcèlement. Combien d'enfants subissent moqueries ou chantage, ou voient leurs photos intimes circuler dans toute l'école ou dans toute la ville par ce biais ? Combien de très jeunes sont victimes de racket et même de harcèlement sexuel ?

Que votre ado vous paraisse ultra intégré ou plutôt à l'écart des autres, n'oubliez pas d'observer et notez le moindre changement dans son comportement, et notamment : notes en baisse, maladies chroniques l'empêchant d'aller au bahut (mal de ventre, de tête, de dos...), problèmes de sommeil, déprime ou angoisse, atteintes physiques (automutilation, sous-alimentation, boulimie, tentatives de suicide), etc..

Si votre soupçon se confirme, prenez sans attendre contact avec la direction de l'établissement où votre enfant est scolarisé, ainsi qu'avec votre médecin de famille.

Il existe de nombreuses associations qui répondront à vos questions et des numéros verts à contacter.

L'un de mes enfants a été confronté à ce problème. Il a eu du mal à m'en parler. Pourtant je lui avais bien dit : « *À partir du moment où quelqu'un se permet (même un plus grand) de te maltraiter, tu dois m'en parler* ». Alors, soyez vraiment à l'écoute, car les ados harcelés gardent souvent cela pour eux. J'ai, bien sûr, signalé le harcèlement et ai été rassuré (sur le moment) d'apprendre que cet enfant venait de partir pour un autre collège. Cela m'a tout de même laissé un goût amer, car le problème a simplement été déplacé, et que d'autres enfants allaient certainement, eux aussi, subir ses attaques.

## Je soupçonne mon enfant d'être harceleur

Vous avez été alerté par l'établissement de votre enfant, (ou par d'autres parents) que votre enfant serait un harceleur. Prenez les choses en main sans attendre, car le harcèlement est passible de 6 mois de prison pour les mineurs (et 7 500 euros d'amende) et de 1 an de prison pour les majeurs (et 15 000 euros d'amende).

À moins de preuves formelles vous pouvez accorder à votre enfant le bénéfice du doute, mais il est de votre devoir tant que le doute persiste et que vous n'avez pas démêlé le vrai du faux, de garder votre enfant loin de l'enfant harcelé.

Souvent, un enfant harceleur ne pose pas de problème dans sa famille et se montre au contraire plutôt discret. Ne soyez pas surpris. On retrouve par contre fréquemment des climats de mésentente et d'agressivité dans les familles en question. C'est ce climat que l'enfant reproduit à son tour au collège.

Tenez compte de cela, discutez longuement avec votre ado pour chercher à comprendre ses motivations et tenter de lui faire réaliser la gravité de ses actes. Prenez tout le temps qu'il faut, montrez-lui des articles, des livres, des documentaires sur le harcèlement, bref, faites-lui réaliser la portée de son comportement ou de ses gestes.

Il devra bien sûr se plier à la procédure normale, qu'elle soit initiée par l'établissement (conseil de discipline) ou par la justice, mais s'il comprend son geste, il sera bien moins enclin à recommencer.

Mettez en place un suivi psychologique de votre ado, car en prenant conscience de la portée de ses actes, et surtout de leurs raisons profondes, il réalisera sûrement que lui aussi est en souffrance : On ne fait pas souffrir quelqu'un sans raison.

En tous les cas, ne restez pas inerte devant ce problème, mais considérez que votre ado a peut-être, ce faisant, tiré, lui aussi, la sonnette d'alarme.

# Votre enfant est-il **HEUREUX** ? Et que faire s'il ne l'est pas ?

On pense que le rôle principal d'un parent est d'éduquer son enfant. Je pense que le plus important est surtout de s'assurer que son enfant est heureux. Ou tout du moins qu'il n'est pas malheureux.

Depuis la crise de la Covid, les services pédo-psychiatriques sont surchargés : nombre d'ados ont vrillé psychologiquement. Il faut dire que l'ambiance générale était particulièrement anxiogène. Les cas de dépression, d'anorexie, les tentatives de suicide se sont multipliés. Forcément, car un ado privé de contact avec ses amis, et collé de force à sa famille, au moment même où il est censé s'en détacher, ce n'est pas un ado bien dans ses baskets.

Bien sûr, il y a eu un retour à la normale, mais je vous invite tout de même à la plus grande vigilance. Surveillez les signes de détresse de l'enfant, car c'est une époque de fragilité, de sensibilité exacerbée, où une rupture amoureuse peut devenir un véritable tsunami, et où un simple complexe peut engendrer des années de mal-être... Soyez à l'écoute et ne sous-estimez pas les « petits problèmes » de vos ados.

# **HONNÊTETÉ**, une qualité extrêmement contagieuse

Véhiculer des valeurs est capital. Parmi elles, il y a l'honnêteté.

J'ai évoqué à plusieurs reprises la confiance dans ce livre. Expliquez très jeune à votre enfant que chez vous, vous pouvez laissez traîner un billet de 5 euros sans craindre que quelqu'un s'en empare. Lui-même peut laisser ses affaires ou son argent de poche traîner, sans crainte, parce que c'est votre éthique et celle de toute votre famille.

Que vous n'imaginez pas non plus que, parmi vos proches amis, quelqu'un se conduise autrement.

Sinon ce serait la jungle.

Valoriser l'honnêteté, c'est aussi permettre à votre ado de vous dire les choses (les bonnes comme les mauvaises).

Le parent qui, à l'annonce d'une mauvaise note, se met à hurler, à punir ou pire, colle une baffe à son môme, ne doit pas s'étonner ensuite que son enfant lui mente ou lui dissimule des choses.

On ne punit que pour des choses importantes, on reste calme, quitte à être grave, on ne fait pas la tête pendant une semaine...

Et on aura un enfant qui saura dire les choses librement, en toute honnêteté.

# C'est pas l'**HÔTEL** ici !

Votre - grand - ado (on parle des 16 ans et +) assure désormais tout seul ses déplacements. Il n'a plus besoin de vous ni pour aller au lycée, ni pour aller voir ses potes.

Sa liberté de mouvement s'étant considérablement élargie, il passe avec deux copains, repart voir sa chérie, vous prévient à 17 h qu'il dort chez Marius... Bref, c'est sympa deux minutes, mais vous aviez prévu 4 escalopes pour le dîner et comptiez un peu sur lui pour promener le chien...

Comment gérer ce vrai courant d'air ? Vous ne savez plus quand il part, ni quand il rentrera.

Posez quelques limites, parce que « *C'est pas l'hôtel ici !* ». Qu'il vienne et reparte pourquoi pas, mais il ne doit pas perturber le rythme de la maison, ni mettre les pieds sous la table et repartir aussi sec. Il fait toujours partie de cette famille et à ce titre, il doit aider à mettre la table, à débarrasser, à aller chercher le pain, etc. De plus, s'il est encore étudiant, il ne peut pas passer toutes ses soirées dehors.

Si jamais il ne veut pas dîner à la maison un soir de week-end, qu'il prévienne, mais pas cinq minutes avant !

# **HYGIÈNE**, mon ado ne sent pas la rose...

Voilà un sujet un peu délicat. Cela fait plusieurs mois ou années que vous ne donnez plus le bain à votre enfant, et que vous respectez totalement son intimité, mais vous voyez bien qu'au niveau hygiène, ce n'est pas top top...

Ses cheveux - trop longs - sont mal lavés, pleins de pellicules, vous ne retrouvez qu'un caleçon dans le linge de toute une semaine, quant au dentifrice, c'est à se demander s'il sait à quoi ça sert... C'est le moment de lui parler, en tête à tête, (pitié, sans témoin !).

Indiquez-lui qu'il est important qu'il prenne soin de lui.

C'est encore l'un des fameux « sujets particuliers » qui ne sont plus censés vous concerner, mais où vous avez le droit de mettre votre nez (ici au sens propre comme au sens figuré) si vous percevez un problème. Et de sévir si besoin.

Exigez un minimum d'hygiène. Par respect pour lui-même, mais également par respect pour autrui...

Expliquez-lui : un manque d'hygiène c'est la porte ouverte aux champignons, aux infections, problèmes dermatologiques (parasites comme teigne, gale - il y en a plein les transports en commun et on les ramène avec soi), problèmes dentaires, maladies des yeux, diarrhées, vers...

C'est peu connu, mais une mauvaise hygiène dentaire favorise également les problèmes cardiaques.

Les fluctuations hormonales, règles, problèmes de peau, apparition des poils... engendrent souvent des problèmes d'odeurs corporelles (aisselles, pieds, etc.). Adopter une bonne hygiène est donc très important pour limiter ces désagréments.

Malgré une hygiène correcte, votre ado pourrait avoir des problèmes un peu délicats (mycoses, odeurs, etc.).

Dites-lui bien que même si c'est intime ou gênant, il doit vous en parler vite pour que vous filiez à la pharmacie demander conseil. Vous ne porterez aucun jugement.

# IDOLÂTRER son ado, le huitième péché capital

Aimer son enfant c'est bien, mais l'idolâtrer, ce n'est pas lui rendre service. Il est en effet essentiel pour lui de se confronter à votre regard critique. C'est ce regard qui lui permettra de se corriger, de s'améliorer, de s'élever et d'apprendre à se remettre en question.

Si vous êtes du genre à trouver des excuses à votre ado lorsqu'il fait une ânerie ou ne mène pas à bien ce qu'il devait faire, vous lui mettez, sans le savoir, des bâtons dans les roues.

Alors, opposez-vous, n'ayez crainte, il ne vous en voudra pas longtemps de ne pas être de son avis.

J'ai rencontré de nombreux parents qui pensaient que leur ado était le plus doué, le plus talentueux, le plus intelligent...

Mais en se répétant cela comme un mantra, ces parents oublient souvent que leur ado n'est pas au-dessus de tout le monde et qu'il existera toujours quelqu'un de meilleur que lui !

Alors, calmez votre enthousiasme, car le jour où il comprendra qu'il existe mieux que lui, il pourrait « se prendre une claque ».

## Mon bébé est **IMMATURE** (*je me demande bien pourquoi...*)

Chaque enfant a son rythme. Un gamin peut être brillant en classe et pas très en avance socialement, un autre peut être la coqueluche de l'école, ne rien percuter et être incapable de faire trois pas dehors sans se perdre... Un élève laborieux peut s'armer de courage et finir par faire une grande école et le gamin le plus précoce pourra mettre très longtemps à trouver sa voie...

Vous aussi avez un rôle et une responsabilité dans la confiance qu'il aura en lui.

Soyons clair : si vous choisissez encore ses fringues le matin à 13 ans, ne le laissez pas mettre une oreille dehors en hiver sans bonnet, vérifiez tout le temps qu'il n'a pas oublié son carnet de correspondance et glissez encore son goûter dans son sac à 15 ans... sachez que vous limitez sans le vouloir ses capacités de compréhension et d'autonomie futures. Si vous commencez chacune de vos phrases par « *Attention !* », lui communiquant votre angoisse, il aura de grandes chances de s'inquiéter de tout et de rien.

Sans aller jusqu'à lui faire faire une cure de *Fortnite*, de junk food ou le faire dormir dehors, commencez par lui lâcher un peu la bride.

Même chez les animaux, les meilleures mamans rejettent leurs petits à un moment pour qu'ils fassent leurs expériences par eux-mêmes... À vous de responsabiliser votre enfant !

# IMPERTINENCE *(les fragiles frontières entre second degré, insolence et injure).*

L'ado manie de mieux en mieux la langue et ses subtilités.

Il peut aussi s'y perdre un peu, car entre :

- le langage des jeunes d'aujourd'hui (wesh frère, j'te jure !),
- la manière de parler à la maison, parfois plus policée, mais pas coincée non plus...,
- l'humour et l'ironie desquels il use et abuse...

Il se peut parfois que la communication ne passe plus si bien que cela. Qu'une répartie qui lui semble très bien trouvée vous paraisse totalement mal placée.

Cela se produira une fois, deux fois, trois fois... Ce n'est pas très grave ! Pas très grave, À CONDITION de lui indiquer, lorsqu'il va trop loin, que les termes qu'il emploie ne vous plaisent pas et qu'il est préférable qu'il en change.

Expliquez-lui : « *Non tu ne peux pas dire cela, c'est très insolent/impoli, tu ne t'en rends même pas compte. Moi j'entends tout autre chose !* »

Après un « Wesh frère », redites-lui encore : « *Je t'arrête tout de suite, je ne suis pas ton "frère", je ne suis pas ton pote non plus ! J'insiste ! Tu ne me parles pas comme ça !* »

Recadrez-le : « *Non chérie, avec moi tu ne finis pas tes phrases par Wesh ! Avec tes potes si tu veux, avec moi c'est non !* »

Empêchez bien sûr votre ado de monter dans la gamme des insanités et des gros mots en votre présence.

Si par exemple il vous parle d'un surveillant de son école en disant que c'est un « *gros con* », refusez de l'écouter davantage. Ou alors il choisit d'autres termes.

Bien évidemment, n'acceptez pas non plus la moindre insulte à votre égard : réagissez immédiatement, coupez court à la discussion, exigez des excuses, sanctionnez. Vous reprendrez la conversation plus tard, dans des termes normaux.

*« Tu peux parler comme ça avec ses potes, mais à la maison, tu "restes tranquille", tu calmes ton langage ».*

Ce n'est pas parce qu'il grandit que sa façon de communiquer doit devenir violente ou vulgaire.

# INTERNET : Mettez en place le contrôle parental

Les logiciels de contrôle parental s'installent sur l'ordinateur familial ou sur celui de l'enfant. Ils permettent différents niveaux de protection selon l'âge.

Si vous le réglez sur le profil « adolescent », ils éviteront à votre enfant tout accès à des sites illégaux (racisme, drogue...) et inappropriés (pornographie, violence...). Ils permettent également de fixer des horaires de connexion, d'interdire l'accès à des sites sensibles, à certains jeux, logiciels, vidéos et/ou sites de téléchargement illégal. C'est un super outil, qui permet de poser des jalons sans se montrer indiscret et intrusif.

Car à partir de 13 ans, vous devez respecter leur jardin secret. Vous auriez détesté qu'on lise votre courrier ou votre journal intime. Eh bien c'est pareil, à la nuance près que sur le Web, les prédateurs sont partout. Ces logiciels sont vraiment utiles, malheureusement, rares sont les parents qui les mettent en place.

Si votre ado est irresponsable et ingérable, vous ne pourrez faire autrement que de renforcer la surveillance.

# Mon ado s'**ISOLE**, est-ce normal ?

Un ado qui est moins souvent avec vous, rien de plus normal, mais il y a s'isoler et s'isoler. Voilà, je vous ai beaucoup aidé je crois !

Plus sérieusement, il y a en effet des cas dans lesquels il convient de s'isoler et d'autres moins.

Si, par exemple, votre ado passe son temps seul dans sa chambre, mais qu'il est sur son téléphone, avec ses potes ou à jouer en réseau, ce n'est pas à priori alarmant.

Un ado qui ne ramène jamais de potes, ne voit personne, est également taciturne avec vous et se cloître totalement, cela doit attirer votre attention. Soit il est comme cela depuis toujours et n'a aucun besoin de multiplier des interactions (et cela peut avoir des causes comme l'autisme ou autre), soit c'est un timide maladif ou un grand mélancolique, et il convient alors de l'aider.

Il y a peut-être un problème au bahut, avec ses potes, un/une amoureux(se), voire dans le cadre familial. Prenez-le à l'écart, proposez-lui une sortie (dans un lieu neutre si possible, au pire dans sa chambre pour repérer s'il y a un changement apparent), parlez-lui et rassurez-le, notamment sur le fait qu'il peut tout vous dire, que vous serez toujours prêt à l'aider et qu'il peut vous faire confiance.

# JOB : L'encourager et l'épauler

Le travail des mineurs est soumis à des lois très strictes, mais il est tout à fait possible à votre enfant de travailler et je vous conseille de l'y encourager. Cela le responsabilisera, lui donnera une idée de la valeur de l'argent, de la vie en entreprise et des réalités économiques actuelles.

Mon fils a travaillé de nombreuses années, tous les week-ends, dans un fast-food. C'était difficile, mais il était fier de gagner seul cet argent !

Renseignez-vous bien, car selon l'âge de votre ado, il ne pourra pas travailler dans certains domaines (dans les bars par exemple), ni pendant les périodes de cours. Son travail sera bien sûr limité à un certain nombre d'heures quotidiennes.

Baby-sitting, sorties d'écoles, aide aux devoirs, promenade de chiens, service dans un fast food, cours particuliers, vente en boutique, distribution de journaux, tonte de pelouse, courses pour une mamie... les idées de jobs ne manquent pas.

- Aidez-le en premier lieu à faire son CV et sa lettre de motivation.
- Faites fonctionner votre réseau de connaissances.
- Dites à votre ado de mettre des annonces dans des halls d'immeuble, les boulangeries... ou de distribuer des flyers devant l'école primaire d'à côté !

Les gens mettront un visage sur un nom et cela sera moins impersonnel que de chercher un baby-sitter sur internet.

⭘ Encouragez-le à pousser les portes des boutiques et magasins pour y laisser son CV (même s'ils disent n'avoir besoin de personne, ça peut changer le lendemain).

Une de mes amies est venue me voir un jour et m'a dit « *Je reviens vite, je vais chercher un job* ». À peine trente minutes après, elle revenait munie d'un sari (tunique colorée indienne), elle avait trouvé un emploi de serveuse dans un restaurant indien.

Elle m'a vraiment montré qu'il fallait oser, elle avait tout compris.

## Savoir dire **JE T'AIME**

Je suis bien évidemment pour le fait de dire "Je t'aime" à son enfant de temps en temps, mais pas à tout bout de champ, sinon cela perd selon moi toute valeur.

Mais oui, rassurez vos enfants sur le fait que vous les aimez, que vous êtes fiers d'eux et croyez en eux.

Un enfant qui s'entend dire ces mots sera mille fois mieux armé pour affronter la vie.

Nous devons apprendre à dire "Je t'aime" à nos enfants !

Nous sommes trop nombreux à ne l'avoir jamais entendu, ce qui explique qu'on ne sache pas le dire.

Entendre cela, ça fait un bien fou ! C'est rassurant, valorisant, encourageant, attendrissant...

Bref, toute l'énergie positive dont votre gamin a besoin pour s'épanouir.

## JUSTICE des mineurs : Leur faire comprendre leur responsabilité de citoyen

Nul n'est au-dessus des lois, c'est également valable pour les mineurs.

Les ados sont avides de justice, pourtant, ils se comportent parfois mal.

Les causes peuvent être très variables : goût de l'interdit, manque de jugeote, effet de groupe, ou cause plus profonde (mal-être, façon d'appeler à l'aide...) Nul n'est à l'abri de retrouver un jour son ado au poste, même si c'est moins fréquent dans certains milieux que dans d'autres.

Apprenez très tôt à votre enfant que la loi et l'autorité sont là pour que tout le monde vive de manière harmonieuse.

Cela semble si difficile de leur faire entendre ça que les ados ont désormais des cours d'éducation civique !

Faites-leur comprendre qu'un pays est à l'image d'une famille, que si tout le monde faisait n'importe quoi, personne ne pourrait vivre en paix.

Pour que votre enfant ait du respect pour l'autorité, il faut que vous-même montriez l'exemple.

S'il n'a de respect pour personne, personne n'en aura pour lui.

Alors voilà ! Si vous éprouvez de la défiance envers l'autorité, ne soyez pas étonné qu'il ne la tolère pas non plus, qu'elle émane d'un parent, d'un policier, d'un prof, d'un patron ou autre...

Lorsqu'ils sont ados, il est très difficile de corriger le tir, alors faites attention et expliquez à votre enfant que même un mineur a des responsabilités.

Si, par exemple, il décide de conduire une voiture sans assurance, et provoque un accident corporel grave, expliquez-lui bien que c'est vous et personne d'autre qui devra prendre en charge les frais médicaux du blessé pendant de nombreuses années, que c'est vous qui encourrez des peines graves.

Comme il n'est pas responsable, du fait de son âge, c'est vous qui allez porter toute la responsabilité de ses actes. C'est injuste, mais c'est ainsi !

Si personne ne lui explique cela, comment le saurait-il ?

Soyons clairs, si un policier fait un contrôle d'identité, non seulement on accepte, mais on reste courtois. Si on n'a rien à se reprocher, le contrôle durera deux minutes !

Si votre ado vous parle du contrôle « au faciès », vous pouvez lui dire que moi et mon frère, nous nous faisions aussi contrôler sans raisons particulières.

## Petit glossaire du **LANGAGE** de l'ado (*de R', c'est Kdo !*)

Votre ado fait de curieux bruits de bouche dès que ce que vous lui dites ne vous plaît pas (il « tchip »), et utilise un vocabulaire parfois incompréhensible à l'oral comme à l'écrit ?

C'est générationnel, mais il est vrai qu'avec Tik Tok et autres réseaux sociaux, leur vocabulaire ne cesse d'évoluer. Faut-il vraiment vous accrocher pour comprendre ce langage ou ces façons de parler bien à eux ?

La réponse est non. Il est préférable de ne pas absorber leurs expressions comme des éponges. Continuez plutôt à leur parler "à l'ancienne".

Bien sûr, vous adopterez deux ou trois nouveaux mots, par-ci par-là, mais n'entrez pas totalement dans le jeu. Non seulement il n'y a rien de moins « cool » qu'un adulte qui essaie d'être cool (à leurs yeux), mais les corriger leur permettra de ne pas oublier totalement le français et ses finesses.

Voilà tout de même un petit lexique de mots et expressions que vous avez déjà sûrement entendus...

Askip : Abréviation de « à ce qu'il paraît »

Avoir le seum : Être dégouté

Baye : Truc, projet, sujet

Bédave : Fumer un joint

Belek : Fais attention

Bestah : Le/la meilleur ami

Bif : Fric

Blase : Le nom

Boloss : Le type pas futé

Ça prend la vie : Ça met du temps

Cassos : Cas social (Kssos).

C'est comment : Comment ça se passe ?

C'est déclassé : C'est très bien

C'est de la frappe/stylé : De bon goût

Dar : Formidable/ dingue/ fou

De R : De rien !

Djomb : Belle

En 2-spi : Rapidement

En Soumsoum : En sous-marin, discretos

En sueur : En panique

Être en PLS : « position latérale de sécurité », ne pas se sentir bien

Être saucé : Être enthousiaste

Être Yomb : Être énervé

Faire crari : Faire genre

Gadji/gadjo : Une demoiselle /un « damoiseau »

Go : Une fille, ma copine, ma petite amie

Gova : Une voiture

Gros : Mon ami, toi

Hess (la) : La loose

Il date trop lui ! : ça fait longtemps qu'on n'avait pas entendu parlé de lui

Je te ban : Je te bannis

JDCJDR : Je dis ça, je dis rien

JPP : J'en peux plus (de rire bien souvent, après le lol, mdr et ptdr)

Michto : Personne menteuse ou intéressée

Moula, moulaga : Oseille, argent

OKLM : Être « au calme »

Poucave, Pookie : Trahir, balancer

Pranker : Piéger en caméra cachée

Rapta /grave bleu : Ivre

S'enjailler : S'éclater. Ex Je me suis enjaillé hier soir à la soirée

Soin : Beau. « Mon sac il est soin »

Swag : Stylé

T'as peur : Utilisé lorsque rien ne va (il a un look, t'as peur !)

Tfk : Tu fais quoi ?

Thug : Le dur, le chef, le rebelle

Tkt : Ne t'inquiète pas

TMTC : Toi-même, tu sais

Truc de ouf : Un truc fou

Wesh : Quoi ? (ne veut pas dire bonjour !)

Y'a pas à : Il ne faut pas

Y'a R : Il n'y a rien

YOLO : You only live once, on ne vit qu'une fois

# La **LIMITE** de la **LIMITE** de la **LIMITE** à ne pas franchir

L'un des passe-temps favoris des ados consiste à tester les limites.

Comprenez qu'ils sont un peu obligés de le faire. Comment passeraient-ils, sinon, de la soirée pyjama à la sortie en boîte, s'ils ne venaient jamais vous convaincre de leur donner de nouvelles latitudes, de nouvelles autorisations ?

Donc, essayer d'obtenir de plus en plus de liberté est parfaitement naturel pour un ado.

Une fois cela posé, on peut mieux comprendre que l'ado cherche également à savoir si sa place dans la famille est négociable, si sa voix peut être davantage entendue, si ses droits doivent être davantage pris en compte.

Certains ados abusent et franchissent clairement la limite de la limite de la limite. Le seuil tolérable est dépassé et il convient de les calmer assez vite dans leurs ardeurs.

Exemple de limites à ne pas franchir (normalement) :

- L'approche fronto-frontale (autrement dit manière agressive de vous parler lorsqu'ils ne sont pas d'accord, de tout tenter pour vous faire plier ou vous convaincre que vous n'êtes qu'un salaud).

- L'extraction-aération (autrement dit, il fait le mur)
- L'auto-rétribution (il se sert dans votre portefeuille),

Je ne doute pas que vous saurez reconnaître la limite de la limite de la limite lorsqu'elle se manifestera. Prenez alors le taureau par les cornes et appliquez sans attendre des sanctions mémorables qui lui montreront que décidément, Maurice, il a poussé le bouchon bien trop loin !

C'est qui le patron ?!

# Mon ado est fauché, mais a des goûts de **LUXE**... Que faire ?

Nos ados évoluent dans un monde où les influenceurs règnent en maîtres. Malheureusement, les marques se bousculent pour leur faire don d'un modèle de téléphone dernier cri, d'une pièce de design ou des dernières baskets à 600 balles.

Évidemment, les dés sont pipés, nos ados ne comprennent pas pourquoi leurs stars préférées, qui ont leurs âges, peuvent se permettre de gagner tout cela « sans rien faire ».

Les influenceurs sont érigés à l'état de dieux ou de déesses, couverts d'offrandes... et nos gosses n'aspirent qu'à une chose, leur ressembler.

Là encore, par pitié, tentez de les ramener à la raison.

Ne tombez pas dans le piège de croire que s'il n'a pas le T-shirt "*machin*" ou la dernière ceinture "*truc*", c'est qu'à 15 ans il a raté sa vie.

Ne tombez pas dans la folie des cadeaux hors de prix, ce n'est pas lui rendre service, même si vous en auriez les moyens. Restez raisonnables. Étudiez plutôt la possibilité de vous cotiser pour lui offrir les baskets de ses rêves : oncles, tantes, grands-parents, parrains/marraines... tout le monde y participera ! Ça apprend la patience, c'est plus sympa, et tellement plus raisonnable !

# Notre **MAISON**, sa prison !

Arrive l'âge ingrat où votre ado, qui adorait passer du temps avec vous, fait désormais son possible pour s'évader, voire s'enfuir de la maison.

La communication avec lui se durcit (c'est souvent les rapports père-fils ou mère-filles qui sont les plus tumultueux !) et les moments d'apaisement et de vraie détente se raréfient... Vous ne le voyez ou ne l'entendez presque plus, si ce n'est, bien sûr, lorsqu'il a quelque chose à demander...

Entre son envie d'être avec ses potes plutôt qu'avec vous, et vos signes d'impatience ou d'énervement lorsqu'il vous provoque, tous les ingrédients sont réunis pour qu'il finisse par prendre en grippe la maison tout entière et la fuir un maximum.

Pour éviter cela, réservez régulièrement de petites plages d'apaisement. Conviez-le pour un apéritif - soft - en famille, essayez d'avoir de petits gestes sympa à son égard (lui prendre sa glace préférée, préparer un plat qu'il adore).

Ne pensez surtout pas que cela revient à vous écraser devant lui ! C'est juste un moyen simple de rappeler à votre enfant que malgré les disputes qui peuvent émailler le quotidien, son bien-être reste au centre des priorités de chacun à la maison.

Car il y a certes des moments où on s'engueule, mais surtout tous ces autres instants où on se retrouve et où on se sent bien chez soi !



A B C D E F G H I/J/L M N O P S T U V/W/Z

# Quand la **MALADIE** vient tout bouleverser

Quand un accident grave, une pathologie importante, longue ou très invalidante adviennent dans le cadre familial, cela ne manque pas de bousculer les lignes.

C'est tout le quotidien qui est bouleversé.

Si chacun tente de faire face à sa manière, il est tout de même bon de veiller de près aux réactions de vos ados.

Si la personne souffrante est un parent, un frère, une sœur… toute l'attention sera portée sur elle. Que l'ado se surinvestisse pour se rendre utile au maximum, se mette à fuir la maison ou encore que cela le rende très émotif ou réactif, il ne traversera sûrement pas cette période sereinement.

Si vous le pouvez, offrez-lui la possibilité de parler à quelqu'un, de vider son sac, d'exprimer ses peurs, sa colère, son indignation, sa tristesse ou même au contraire un manque d'émotion ou d'empathie qu'il éprouverait.

Si c'est l'ado qui est malade, il risque comme tout le monde d'avoir très peur de l'inconnu et de ressentir toute l'injustice de la situation.

Il subira des contraintes qui, pour son âge, peuvent être très violentes :

- Être hospitalisé.
- Être immobilisé à son domicile.
- Être handicapé (paralysie, immobilisation ou autre).
- Ressentir l'immense inquiétude de sa famille et de ses amis.
- Subir des examens et des soins douloureux, épuisants, invalidants (chimiothérapies, opérations, dialyses, rééducation, ponctions lombaires...).

Tout cela pourrait creuser un fossé entre l'ado et ses amis ou, en tous les cas, transformer pas mal leurs relations.

Si à cette occasion vous voyez qu'il se replie encore plus sur lui-même, qu'il rejette un peu ce qui vient de l'extérieur, que cela se passe mal avec ses amis, sa petite copine ou autre, parlez-en ! On n'a pas beaucoup d'autres armes face à cette une forme de fatalité. Il faut rester combatifs et soudés quoiqu'il advienne. C'est un moment où, évidemment, les liens se renforcent.

# Mon enfant me **MALTRAITE**

Moins connue et plus rare que la maltraitance infantile, la maltraitance d'enfants envers les parents est malheureusement une réalité.

Un enfant difficile, nerveux (ou souffrant d'une addiction) peut ainsi devenir un danger pour sa famille. Il usera de sa force physique pour inspirer la peur et faire régner la terreur.

L'emprise psychologique de ce genre d'enfant est telle que la plupart des parents gardent le silence sur la maltraitance (physique, émotionnelle, verbale, financière et parfois même sexuelle !) qu'ils subissent. C'est le plus souvent les fils qui portent atteinte à leurs mères, et ce, toutes classes sociales confondues.

Comprenons-nous bien, cette maltraitance, lorsqu'elle est à son paroxysme, peut donner lieu à des fractures, strangulations, hospitalisations... voire engendrer la mort du parent.

L'adulte qui subit cela est très fragilisé, atteint dans sa fierté (certains ados sont très jeunes), dans son humanité, et il a besoin d'aide.

Porter plainte est très difficile pour lui, car il s'agit d'incriminer son propre enfant.

Si vous vous sentez concerné, voici ce que je vous conseille :

- Si cela se produit une fois, cela se reproduira certainement. Ne tardez pas à réagir.

- Parlez-en ! À vos amis, à vos proches, à des personnes qui connaissent votre enfant. Faites-lui savoir que vous en parlez. C'est une manière très puissante de freiner violence et perversion. Si vous continuez à prétendre que vous êtes tombé dans l'escalier, ça ne cessera pas.

- Renseignez-vous auprès d'associations ou d'un éducateur spécialisé. Ils vous indiqueront la marche à suivre pour faire soigner votre enfant ou mettre en place des mesures d'éloignement.

- Parlez-en à un psy, qui vous aidera certainement à garder la tête hors de l'eau, à retrouver assez de confiance et d'énergie pour contrer les attaques de votre enfant ou vous en protéger.

- Je rajouterai que vous inscrire à un sport de combat, quel qu'il soit, vous permettrait de retrouver confiance en vous, et même de rapidement savoir contrer, bloquer, STOPPER certains coups.

## Reconnaître et contrer un ado **MANIPULATEUR**

Être manipulateur, c'est agir pour son propre intérêt, utiliser tout moyen ou toute personne dans l'unique but de parvenir à ses fins, sans se soucier des autres.

Certains ados entrent dans ce schéma en demandant toujours plus et de manière toujours plus insistante, usant de tous les moyens et toutes les occasions pour arriver à ses fins : chantage, agressivité...

Certains psys disent que les hormones ne sont pas pour rien dans ce phénomène, la testostérone rendant peut-être les garçons plus combatifs, agressifs et irritables lorsqu'il s'agit de parvenir à leurs fins.

Il est normal d'essayer, de repousser un peu les limites, de tenter d'user de charme et de ténacité, mais certains enfants tombent dans les extrêmes et deviennent de vrais manipulateurs, particulièrement usants pour les parents. Ce sont souvent des enfants-rois, auxquels les parents ont eu du mal à résister, même jeunes.

S'il est sympa d'avoir un enfant qui sait ce qu'il veut, je pense qu'aucun parent n'a envie d'engendrer un monstre narcissique. Surtout, RÉSISTEZ ! N'hésitez pas à leur tenir tête, à les recadrer et à montrer au travers de punitions adaptées à leur âge (privation de portable ou autre) que vous n'êtes pas les marionnettes qu'ils imaginent et que vous avez encore assez de répondant pour le leur prouver : *Tu veux jouer ? On va jouer !*

# La **MATURITÉ** de l'ado, info ou intox ?

Votre ado réclame son indépendance à corps et à cris et vous assure de son immense maturité.

Tout est question de point de vue.

Votre enfant est en effet en train d'acquérir de la maturité et il le ressent... Mais il part de loin et ne sait pas à quel point la route est longue.

Évidemment, voici qu'il commence à avoir des poils au menton, qu'il prend sa première bière avec papa, son premier Monaco en terrasse de café, qu'il a sa première copine...

Être mature, c'est certes un peu le cumul de toutes ces expériences, mais c'est avant tout être responsable de ses actes, de ses paroles, de ses engagements et de ses gestes.

Faites comprendre à votre enfant que pour atteindre la vraie maturité, il n'est pas nécessaire de passer par toutes ces étapes. Qu'il s'agit surtout de s'attacher à être quelqu'un de bien, de confiance.

S'il fait quelques expériences quand même, c'est bien aussi, tant qu'il est droit dans ses bottes.

Et pensez tout de même au passage à lui procurer un rasoir.

## L'importance du **MÉDIATEUR**

Dans toute famille, il est bon d'avoir un ami, une marraine, le parent d'un copain, que votre enfant aime et respecte suffisamment pour l'écouter et prendre en compte ses conseils.

Cette personne ne doit pas intervenir pour un oui ou pour un non, mais avoir la possibilité de l'appeler à l'aide pour ramener votre ado à la raison le jour où il ne voudra vraiment pas vous écouter, ce sera précieux, vous verrez !

# MÉPRIS, pourquoi mon ado me regarde-t-il de haut ?

Depuis peu, votre gentil poussin de 15 ans fait une tête de plus que vous et vous regarde de tellement haut que vous avez l'impression d'être un méprisable microbe à ses yeux.

La blague qu'il aurait trouvée drôle il y a encore 6 mois ne recueille plus qu'un soupir gêné et un dédain manifeste.

Comment cela se fait-il ?

C'est ici encore un symptôme de l'adolescence... L'ado se détache de ses parents, mais, pour ce faire, il est obligé d'en passer par une phase de rejet, plus ou moins forte selon les caractères.

Prenez donc votre mal en patience, tant qu'il ne tombe pas dans une insolence insupportable ou ne franchit pas les limites du convenable.

Appréciez à sa juste valeur le moindre signe d'apaisement et de complicité qui referait surface durant cette période...

Il redeviendra plus sympa, c'est une question de temps, mais surtout, n'allez pas, vous, le regarder de haut, ce ne serait pas le bon exemple à donner.

# Vertus et limites de l'éducation MILITAIRE

Dans certaines familles, éducation rime avec quelque chose qui ressemble parfois surtout à de la soumission.

Une éducation stricte ou élitiste a de nombreuses vertus, et émane le plus souvent d'une intention tout à fait louable (mener ses enfants le plus loin possible, leur donner les meilleures armes pour affronter un monde difficile et l'ambition suffisante pour être suivis plutôt que suivants...). Mais même dans les familles où tout est très cadré, des problèmes peuvent apparaître.

Entendons-nous bien, dès lors que la communication est compliquée, les problèmes peuvent surgir quelque soit le milieu, la catégorie sociale ou le degré d'exigence des parents, ce, qu'ils soient urbains ou ruraux.

Je répète : il faut des règles pour élever et faire grandir un enfant, mais il faut aussi de la souplesse.

Il y a évidemment bien des familles qui devraient faire preuve de plus de sévérité ou, tout du moins, d'exigence.

On peut avoir une éducation très stricte et garder une belle cohésion familiale, à force d'amour, et d'attention bienveillante, ou à l'inverse créer un climat parfaitement anxiogène en oubliant totalement ces valeurs.

Auparavant, les jeunes auxquels les notions de sérieux, de ponctualité, de fiabilité, etc. n'avaient pas été inculquées pouvaient les découvrir lors de leur service militaire obligatoire.

À mon grand regret, celui-ci n'existe plus aujourd'hui. Je pense qu'il aurait apporté beaucoup et fait le plus grand bien à bon nombre de jeunes. Lorsque l'exigence et les ordres émanent d'autres personnes que des parents, cela peut être très bien accueilli. Se lever tôt le matin, savoir accepter les ordres, cultiver l'esprit d'équipe, de cohésion, apportait énormément aux jeunes les plus rebelles, et ouvrait à nombre d'entre eux de vraies perspectives de carrière.

Il est dommage que le service militaire obligatoire ait été supprimé. Peut-être aurait il mieux valu le réduire à 6 mois que de le faire disparaître.

J'ai, pour ma part, beaucoup appris à l'armée : le partage, les valeurs, le respect de ma nation, du drapeau, des règles et la cohésion, être avec les autres, apprendre à les connaître de manière plus approfondie, à « voyager » dans les différentes régions dont ils étaient issus.

J'y ai même appris un nouveau métier : celui de maître-chien cynophile, c'était une belle expérience !

Si vous avez de grands ados qui ne trouvent pas leur voix, peut-être que cette piste leur plairait... Pensez-y ! Mais idéalement, il faudrait être « sévère, mais juste » bien avant cela.

Si votre ado a une vocation, et que vous n'avez pas les moyens de lui offrir les études en question, sachez que l'armée peut-être un tremplin vers de nombreuses disciplines d'exception (médecine, pilotage, officier, gendarme, comptable, métiers de l'image...).

Et si vous voulez réveiller votre enfant au son du clairon, ma foi, pourquoi pas !

# **MOTOS**, deux-roues, trottinettes... dangereuses tentations...

Étant motard et ayant déjà chuté, je connais bien les dangers de rouler en deux roues.

Sur ce type d'engins, votre seule protection, à part le casque, c'est vous. Il n'y a pas de carrosserie qui amortisse les chocs.

Il est vrai que les deux-roues apportent une mobilité, une sensation de liberté, auxquelles aspirent beaucoup d'ados.

Faut-il les y autoriser?

Malgré une légitime inquiétude des parents, confier la conduite d'un deux-roues à un ado peut répondre à une vraie problématique de locomotion (pas d'autre moyen d'aller au lycée par exemple). De nombreux parents accèdent également au désir de leur enfant par simple envie de lui faire plaisir, pour se décharger des allers-retours quotidiens, ou parce qu'ils auront cédé aux demandes insistantes de leur progéniture.

Soyons clair, confier la conduite d'un deux-roues à un jeune implique que vous considérez qu'il réunit plusieurs conditions : il a la maturité suffisante, la réactivité, une conduite irréprochable (pas de tendance à abuser de l'alcool...), une vue correcte ou de bonnes lunettes, une conscience aiguë du danger que cela représente pour lui comme pour les autres.

Si vous lui faites confiance, qu'il a de la jugeote, n'est pas influençable, alors pourquoi ne pas lui confier cette responsabilité ?

A contrario, si votre ado est une girouette, qui ne sait pas distinguer sa droite de sa gauche, est incapable de se concentrer deux minutes, qui ne rêve que de faire des roues arrière sur des dos d'âne avec ses potes, il faut peut-être abandonner l'idée du deux-roues.

Mais par pitié, en cas de soirée ne vous dédouanez pas de votre rôle. Préférez aller chercher votre ado au petit matin que de le laisser avec son scooter. Et ce n'est pas parce qu'il peut se rendre seul à son match de basket que vous n'êtes plus tenu de vous y intéresser !

Comment l'accompagner ? Le former ?

Désormais, un ado de 14 ans doit avoir le permis AM (ex BSR) pour conduire un 50 cm$^3$ ou une voiture sans permis.

Expliquez-lui de long en large le principe des assurances, qu'il ne fasse pas piloter son engin à n'importe qui et comprenne à quoi sert une assurance, comment fonctionnent les systèmes de bonus, de malus, et à quelles conditions un assureur peut refuser de rembourser un sinistre !

Pour ces raisons, il ne doit jamais emprunter un véhicule qui n'est pas à lui, ni prendre un vélo ou une trottinette libre-service s'il n'en a pas l'âge et qu'il n'est pas la personne qui paye le forfait !

S'il gruge, il devient responsable de tout ce qui pourra lui arriver aux yeux des assureurs.

## Quid du casque et de la visibilité

Bien évidemment, c'est à vous de vous assurer que votre enfant est convenablement équipé, qu'il soit en moto, en trottinette, en vélo, en gyropode, en overboard ou autre invention de ce type.

Dès lors qu'il s'intègre à la circulation, il doit être parfaitement visible, de jour comme de nuit.

Avoir un gilet réfléchissant au fond de son sac à dos ce n'est pas bien compliqué, alors encouragez votre ado à s'équiper pour ne pas être surpris.

Insistez sur le fait que le casque est impératif en deux-roues motorisé, même pour faire un simple tour de pâté de maison.

S'il utilise quotidiennement une trottinette ou un vélo, le casque doit également lui être imposé.

S'il loue une trottinette ou un vélo occasionnellement, le casque ne lui sera pas fourni. C'est regrettable. Conseillez-lui de limiter au maximum ce type de location et de redoubler de vigilance lors de leur utilisation.

# Il nous inflige sa **MUSIQUE**, et à fond en plus !

À l'époque où j'habitais chez mes parents, j'avais une chaîne HI-FI relativement puissante. Je ne me rendais pas compte de la gêne que ma musique occasionnait. Mon père, un jour, a fait irruption dans ma chambre. Je ne savais pas que je l'avais dérangé en tra n de dormir (il travaillait la nuit). Il a pris mon poste sans un mot et j'ai compris que j'avais abusé. Par la suite, j ai acheté un walkman (airpods de l'époque).

Certes, le casque ou les écouteurs pouvaient sembler une bonne solution, mais on ne savait pas à l'époque les dégâts qu'ils occasionnaient sur l'audition.

Les écouteurs sont aussi répandus chez les ados que les smartphones. Leurs technologies sont incroyablement avancées puisqu'elle les isole de plus en plus des bruits ambiants.

Je reconnais que c'est fantastique lorsqu'on prend l'avion ou en voiture, il n'en demeure pas moins que pour l'audition, c'est une catastrophe. Aux niveaux sonores auxquels ils sont accoutumés, c'est toute une génération de malentendants qui se prépare.

Je vous conseille de demander à vos enfants d'écouter autant que possible leur musique sans casque lorsqu'ils peuvent l'éviter et de réserver les écouteurs pour certaines occasions.

Si vraiment leur musique dérange, intéressez-vous à des casques spécifiques : les fabricants sensibilisés par les autorités de santé commencent à commercialiser des systèmes qui protègent l'audition.

Si vos enfants vont trop loin avec les décibels, réagissez, ne les laissez pas faire. La liberté des uns s'arrête là où commence celle des autres.

Mes enfants ont un jour mis la musique vraiment trop fort. J'ai directement coupé l'électricité de leur chambre au compteur électrique. Ils se sont mis à hurler, j'ai fait la sourde oreille, comme si la musique continuait de me casser les oreilles.

Ils insistaient : « *Papa, papa, il n'y a plus la musique !* » Puis sont sortis de leur chambre : « *Papa !! NOTRE MUSIQUE NE FONCTIONNE PLUS !* » Après plusieurs minutes à faire semblant de ne pas les entendre, J'ai fini par leur répondre : « *Eh oui... Il n'y a plus de musique parce qu'elle était trop forte et je ne m'entendais plus parler ! La prochaine fois, vous baisserez votre musique. Mais pour l'heure, vous vous en passerez jusqu'à ce que j'ai décidé de vous remettre le courant.* »

Action ! RÉACTION !

# Mon ado est un gros **MYTHO**, que faire ?

Il y a des degrés dans le mensonge.

L'ado qui va vous mentir pour avoir accès à la liberté dont il se croit privé ne fait rien d'autre que de faire une expérience d'ado ! C'est le mensonge utilitaire, et ce n'est pas bien grave !

Rien d'anormal à ce qu'il fasse de petits mensonges par omission ou autres menus pipos.

Mais il faut savoir repérer les cas plus extrêmes, tels :

- L'enfant qui ment et qui se met, ce faisant, en danger (fréquentations douteuses, usages de stupéfiants ou d'alcool dans des quantités anormales, ado qui fait le mur...)
- L'enfant qui souffre bel et bien de mythomanie : il s'enfonce dans des mensonges de plus en plus nombreux et élaborés, ne peut plus s'en sortir, s'invente une vie idéale, un monde rêvé, des parents riches et célèbres, ou au contraire une position fantasmée de victime, etc.

Si le premier est inquiétant, il est plus facile à détecter que le second. Une bonne conversation, pour dénouer le vrai du faux, peut vous aider à comprendre ensemble ce qui le pousse à se mettre ainsi en danger.

Le second cas est complexe. Non seulement l'ado mythomane est souvent extrêmement doué, mais il fera tout pour ne pas voir son mensonge révélé au grand jour. Même acculé, il refusera souvent d'admettre les choses.

C'est maladif. Cela trahit un profond mal-être et souvent un mépris de lui-même ou de son cadre de vie. Lorsque la réalité est difficile à admettre, l'imagination prend toute la place. Une mythomanie extrême confine au délire et peut justifier un traitement psychiatrique. Il ne faut pas prendre ces symptômes à la légère et ne pas trop attendre pour proposer à l'enfant une aide psychologique.

## NAÏVETÉ : Piégez votre ado pour lui apprendre à se méfier

Nos ados font souvent preuve d'un enthousiasme débordant et ont parfois du mal à se montrer prudents. Les plus jeunes gobent souvent n'importe quoi et peuvent accorder leur confiance à n'importe qui.

Même s'ils ne sont plus des enfants, ils ne doivent pas parler à tout le monde : il y a tant de gens bizarres, fous ou dangereux...

De la même manière qu'ils peuvent ériger des copains au rang de « *besties* » (meilleurs potes) en un claquement de doigts, ils peuvent prêter de l'argent dont ils ne reverront jamais la couleur ou acheter des produits sur des sites douteux, produits qu'ils ne recevront jamais.

Ce qu'ils montrent d'eux en visio, les photos personnelles ou intimes qu'ils laissent circuler... tout cela peut être utilisé à leur encontre pour les humilier ou les faire chanter Même les adultes se font avoir : lorsqu'il s'agit de séduction, on redevient vite un peu bébête...

C'est un âge aussi où le besoin de séduire prend le dessus sur les neurones, alors si vous tentez de convaincre votre ado qu'untel n'est peut-être pas fiable ou que tel autre se moque peut-être de lui... il vous enverra sûrement promener.

Pour toutes ces situations, il est très utile de pouvoir demander à une personne en qui il a confiance, qu'il respecte et qu'il écoutera davantage, d'essayer de le ramener à la raison (une marraine, un cousin, la mère d'un copain, son coach sportif s'il en est proche...). (Voir « Médiateurs »).

Pour le tester, vous pouvez créer un faux profil de jeune, sympa, sur internet, Insta ou Facebook et tenter d'entrer en contact avec lui.

Acceptation comme ami, proposition d'un rendez-vous virtuel (auquel vous ne pourrez jamais vous présenter bien sûr), rendez-vous "présentiel"... Vous verrez jusqu'où votre ado est capable d'aller : Si votre enfant est naïf au point de se rendre au rendez-vous, c'est qu'il faut tout reprendre depuis le début pour qu'il redouble de vigilance.

J'ai été marqué par une vidéo visible sur le Web, dans laquelle un père piège sa fille, en se faisant passer pour un ado (faux profil, etc.). La jeune fille accepte un rendez-vous et s'y rend. Une voiture arrive conduite par un adulte qui lui demande si c'est bien elle. Elle acquiesce, mais lui dit que ce n'est pas avec lui qu'elle a rendez-vous, mais avec un jeune. L'homme sort alors de la voiture, et la met de force dans son coffre. Le père - cagoulé - arrive. La voiture s'arrête, le coffre s'ouvre. Il sort son ado terrorisée et en pleurs de la voiture. Le père retire sa cagoule et lui dit : « *C'est moi. Mais imagine si ça avait été quelqu'un d'autre ?!* ».

Même si c'est une excellente leçon, je ne suis pas sûr que le traumatisme qu'a du garder cette gamine en valait la chandelle. Non, franchement, n'allez pas aussi loin !

Mais soyez vigilants !

Comme les ados commencent également à utiliser des cartes de crédit, sensibilisez-les également à toutes les arnaques possibles : les usurpations de sites connus, les liens sur lesquels ne pas cliquer, les risques de virus informatiques (pièces jointes à ne pas ouvrir), le dropshipping (fausse bonne affaire), les jeux-concours, le phishing (captage des données personnelles sous prétexte de remettre votre code à jour ou autre...).

Rappelez-leur qu'aucun site normal ne demandera jamais le code secret de leur carte bancaire (et par principe, ne leur communiquez pas votre code non plus).

# Savoir accueillir les mauvaises **NOTES** avec sourire et bienveillance (*mission impossible*)

Si vous souhaitez que vos enfants vous mentent et vous dissimulent des choses, faites-leur des scènes inimaginables lorsqu'ils vous ramènent une mauvaise note. Si vous n'en faites pas un fromage, il n'y a pas de raison que Junior vous dissimule quoi que ce soit.

Exemple d'une réaction démesurée à l'annonce d'un 3 en maths :

Votre visage se ferme, votre mâchoire se contracte : « *Ohhhhhhh Mon Dieu ! Mais comment est-ce possible ??? Je suis tellement, mais tellement déçu !!! Oh misère ! Lorsque ton père va savoir ça !! Va vite barricader la porte !! Tu seras privé de sortie pendant deux mois et nous allons certainement t'envoyer en pensionnat de haute sécurité !! Tu nous déçois tant, jamais nous n'aurions imaginé que notre propre enfant pourrait nous décevoir à ce point ! Quelle humiliation ! Quand papi et mamie vont savoir ça.* »

Alors, comment réagir ?

1) Ce qui est fait est fait, cherchez à comprendre : « *OK on voit donc que manifestement tes cours n'étaient pas sus ou s'ils l'étaient, cherchons où ça bloque* »

2) Chercher ensemble des solutions : « *Que pourrions-nous faire pour changer cela ? Que préconises-tu, toi ?* »

3) Proposer : « *Si on revoyait cela ensemble dès maintenant ? On le refera jusqu'à ce que tu maîtrises ce chapitre, je t'aiderai OK ?* »

C'est si Junior vous dissimule ses notes qu'il faut faire un esclandre ! Pas s'il vous les annonce, même si elles sont mauvaises.

Si les mauvaises notes sont liées à un manque évident de travail, sévissez, bien sûr !

Une fois, j'ai privé mon fils de PlayStation durant un trimestre, le temps qu'il ait de nouveau la moyenne. Ce faisant, je m'en privais également et je pénalisais son frère du même coup, mais cela a porté ses fruits !

# NUTRITION : Non un omnivore ne mange pas que des burgers

## ADO ET SURPOIDS

En 2021, une enquête a montré que l'obésité a fait un bond, passant de 5,4 % en 2012 à 9,2 % en 2020 chez les 18-24 ans.

34 % des enfants de 2 à 7 ans et 21 % des 8-17 ans sont en situation de surpoids ou d'obésité en France. (Enquête ObEpi-Roch)

Ce constat est alarmant, et à l'heure où il est si simple de renoncer à faire le dîner pour se faire livrer à manger, je crains que ça n'aille en empirant.

Idéalement, un enfant, puis un ado, devrait pouvoir manger de tout. Bien sûr, il peut avoir des détestations, ça, il faut le respecter (le fromage ou les choux de Bruxelles par exemple). Mais au quotidien, il vaut mieux ouvrir une boîte d'haricots verts pour accompagner une viande, que de manger des plats industriels souvent trop gras et trop salés.

Vous avez le droit de miser sur une bonne béchamel pour faire aimer les courgettes ou le chou-fleur, mais variez leur alimentation et accordez-vous de temps en temps un petit plaisir moins raisonnable. Tout est dans la mesure !

Il faut concilier tout cela avec un minimum d'activité physique. Le gamin accro à la junk food, qui en plus ne bouge pas ses fesses, aura besoin d'une génétique de rêve pour ne pas prendre de poids. Et la nature est rarement bien faite !

N'attendez pas trop tard le soir pour passer à table, sinon l'appétit se creuse et les ados, qui déjà ont un bon coup de fourchette, se jetteront sur la nourriture...

Évitez bien sûr les boissons sucrées (réservez-les pour les occasions ou les week-ends).

Si votre ado est simplement en surpoids, il risque, non seulement, d'en être très complexé, mais également de développer des problèmes de santé (les diabètes explosent chez les jeunes !). Vous pouvez dès lors mettre en place un accompagnement adapté. Surtout pas de régime, mais un rééquilibrage alimentaire. Consultez une diététicienne, revoyez son alimentation en introduisant beaucoup de légumes à côté des féculents, et laissez-le manger de tout, si c'est dans des quantités raisonnables. Veillez en tous les cas à ce qu'aucune carence ne puisse accompagner la diète qui lui est prescrite.

Et surtout, mettez-le au sport !

## TCA (troubles du comportement alimentaire)

Avec la Covid, les services de pédopsychiatrie se sont vus débordés, avec de plus en plus d'enfants et d'ado angoissés, suicidaires, de suspicions de schizophrénie, mais également de nombreux troubles du comportement alimentaire (TCA).

Ces derniers sont à l'origine de près de 600 000 morts par an dans le monde. Mais comment identifier une **boulimie, un hyperphagie, une anorexie** chez votre ado ?

Si votre enfant se montre obsessionnel par rapport à son poids, qu'il passe son temps à parler de sa ligne, à faire des régimes, que vous constatez des changements physiques importants... Si vous le surprenez à 4 h du matin, en train de vider un paquet de céréales, la fin du pot-au-feu, des knackis et trois tablettes de chocolat... méfiance.

Si, a contrario, il maigrit à vue d'œil, regarde avec mépris ce qui compose vos assiettes et refuse de manger comme tout le monde... méfiance également.

Le fait d'être dans une permanente détestation de son physique, et de tout faire pour maîtriser son corps est un signe. Dans la plupart des cas, l'exigence déborde sur d'autres plans : exigence au niveau de la dépense physique, exigence intellectuelle, relationnelle... La perfection est appelée à tous niveaux.

Si vous voyez que vos enfants correspondent à ce profil, n'hésitez pas à demander conseil à un médecin.

# OBSTINATION, quand l'ado s'entête

Vous avez parfois l'impression d'avoir affaire à un mur, un ado inflexible, qui refuse de comprendre ce que vous lui dites, s'entête, refuse de lâcher le morceau ? Je n'ai qu'un seul conseil, essayez de tenir bon, car c'est ce dont il a besoin. Il a besoin que vous lui résistiez. C'est en se confrontant à vous qu'il grandira bien et dépassera cette période aussi pénible pour lui qu'elle l'est pour vous.

Ne cédez pas à tout, choisissez vos combats, mais ne vous laissez pas fléchir trop facilement, car cela ne lui sera d'aucune aide. Il serait juste amené à penser que vous vous détournez de lui !

# Préoccupé et trop **OCCUPÉ**, l'ado face à des parents débordés

On a tous envie d'être le meilleur papa ou la meilleure maman possible, mais parfois entre la pression au travail, les courses à faire, la maison à faire tourner, les rendez-vous médicaux à ne pas oublier, etc. on peut également oublier cette jeune chose boutonneuse qui squatte le canapé du salon.

On n'a alors plus l'énergie de lui accorder du temps, et si on l'écoute, c'est d'une oreille distraite (voire pas du tout).

C'est pire lorsque l'on redoute les demandes et revendications de l'ado !

Personnellement, le sport m'aide énormément : les endorphines m'apportent beaucoup d'apaisement et le surplus d'énergie parfois nécessaire pour faire face à des ados ! Sans le sport je partirai sûrement au quart de tour !

Un conseil : vous aussi, pratiquez une activité. Le temps que vous vous accorderez pour être bien dans votre corps, votre ado en profitera au centuple, car vous serez bien plus à son écoute.

# OPPOSITION : Lorsqu'on ne peut plus se supporter

Certains parents ne savent tout simplement pas que l'ado doit s'opposer à eux, que c'est un processus normal et sain.

Ceux-ci ne voient que la souffrance qu'ils ressentent, restent dans l'incompréhension la plus totale, et réagissent comme si leur ado leur voulait du mal.

Ils fonctionnent avec leur enfant comme on le ferait avec un adulte qui nous a méprisé et manqué de respect : en coupant le contact, en refusant toute discussion. Cela peut même aller jusqu'à ne plus vouloir se parler ou être dans la même pièce, et peut durer des années.

Ce faisant, on ferme également la porte à tous les moments possibles d'apaisement, à toute chance de réconciliation.

Sans aller jusque-là, il peut être normal de ressentir une colère noire et de détester, non pas son enfant, mais sa manière de faire, de manipuler, etc.

Si cela devient vraiment compliqué, que vous ne vous supportez plus, passez votre temps à vous envoyer des piques et à vous opposer, envisagez vraiment de vous installer autour d'une table, en établissant des règles claires : on est là pour vider son sac et pour essayer d'exprimer ses ressentis, pas pour insulter l'autre. Faites-le si possible en terrain neutre et sans témoin.

# PHOBIE SCOLAIRE, comment l'aider ?

Migraines, vomissements continuels, maux de ventre... certains ados, malgré leur bonne volonté et leur envie d'apprendre, se rendent malades à l'idée d'aller au collège ou au lycée. On parle alors de phobie scolaire.

Il peut y avoir différentes raisons à cela (d'ailleurs, il est rare qu'il n'y en ait qu'une), notamment :

- des problèmes relationnels ou de harcèlement ;
- des blocages à l'apprentissage (troubles dys non détectés ou autres) ;
- une anxiété de performance ;
- une précocité ou un TDAH (trouble du déficit de l'attention/hyperactivité) ;
- une expérience traumatisante (commentaire acerbe d'un prof ou autre) ;
- une anxiété de séparation avec la famille.

Ce type de phobie apparaît souvent dès l'école et poursuit l'enfant durant des années.

Chaque journée, chaque retour de vacances ou de week-end est une véritable épreuve pour l'enfant qui en souffre.

Il ne faut absolument pas négliger ces alertes, mais au contraire en chercher l'origine et vérifier, notamment, qu'il n'y a pas d'autres causes sous-jacentes (pathologie psychiatrique, maltraitance, harcèlement scolaire...).

Alors, si votre ado se couvre d'eczéma à l'idée de faire sa rentrée, n'hésitez pas à en discuter avec lui, voire à consulter un médecin !

Vous pourrez également vous tourner vers les associations concernées, puisqu'il en existe qui ont des antennes dans de nombreuses villes.

Plusieurs "process" peuvent être institués selon l'enfant et sa situation particulière : mise en place d'un PAP (Plan d'Apprentissage Personnalisé) ou d'un PAI (Plan d'Apprentissage Individuel) dans son collège, changement d'établissement, recours aux cours du CNED (pour des cours à la maison), hospitalisation en soins-études pour les cas plus compliqués (par exemple pour un enfant souffrant en plus de phobie sociale, de dépression, d'anorexie ou autre...). En tous les cas, l'idéal reste que l'enfant retourne dès que possible dans le circuit éducatif habituel.

Prenez cela très au sérieux.

# Un ado **PRÉCOCE** ! Le challenge qui ne vous manquait pas !

Ahhhh, c'est déjà compliqué d'avoir affaire à un ado, mais l'ado précoce, c'est encore une autre paire de manches !

Être « précoce » (on disait également « surdoué » ou « à haut potentiel ») ne signifie absolument pas que l'enfant sera un génie à l'école. C'est même souvent le contraire. De même, ce n'est pas obligatoirement doublé d'un trouble de l'attention ou d'hyperactivité.

C'est vrai qu'il pige très vite, est particulièrement sensible, aura souvent marché et appris à lire très tôt… mais il est aussi souvent en décalage avec sa classe, considéré comme « immature » par les autres, pris pour un ovni et donc objet de moqueries potentielles.

L'enfant précoce peut également ressentir beaucoup d'ennui en classe et il y fait alors plusieurs choses à la fois. S'il a également un trouble de l'attention, il aura du mal à se concentrer sur des sujets ou des matières, surtout s'ils ne l'intéressent pas du tout. Il ira à l'échec s'il considère que cela ne lui apporte rien.

Le sujet est dense et complexe, les profils variés et les confusions possibles (avec certaines formes d'autisme par exemple…). Si vous avez une suspicion, pour éviter qu'une souffrance durable ne s'installe chez votre ado, n'hésitez pas à le faire tester. Cela vous apportera sûrement des pistes intéressantes pour rendre le quotidien plus vivable pour vous comme pour lui.

# Mon ado se **PROFESSIONNALISE** autour de sa passion... Comment gérer

Les ados d'aujourd'hui adorent être sous les feux de la rampe et passer pour des pros dans les domaines qui les intéressent.

Influenceur, jeux vidéos, shootings photo, exploration urbaine (parcours notamment), son (DJ), image (photos), vidéo, graphisme, sport, spectacle...

Votre ado excelle dans sa passion au point d'être suivi par des followers, sollicité par des marques, de participer à des tournois, des expositions de ses photos, etc.

Évidemment, le parent lambda comprendra mieux que sa fille soit célébrée pour ses notes que pour les Tik Tok qu'elle fait toute la journée sur le thème de la beauté ou du rangement...

En outre, la plupart de ces passions sont très chronophages.

On est face à une passion qui est encore plus forte dès lors que l'ado conquiert un public et est mis en pleine lumière. C'est très difficile pour un ado de renoncer à cela. L'image de soi est très importante à ces âges et rejoint l'estime de soi.

Dans le cas d'une future star de YouTube ou de Tik Tok, mettez dès le début les choses au clair : exigez que le temps imparti aux études passe en priorité. Cela doit être sans appel.

Demandez-lui de prendre conscience de l'importance que chacun de ses gestes ou chacune de ses paroles peut avoir sur ses followers : il ne doit pas se rendre responsable d'accidents malheureux et doit garder à l'esprit qu'il est susceptible de subir également une vague de propos et de retours haineux.

Ses coordonnées doivent rester confidentielles.

Assurez-vous que votre ado ne se mettra pas hors-la-loi (horaires de travail, travail au noir...). Ce qui a trait à l'argent doit être discuté avec vous.

Proposez-lui de s'organiser pour équilibrer son emploi du temps : sur un week-end, un jour peut, par exemple, être attribué aux devoirs, aux copains ou à la famille, et l'autre à cette activité.

Attention à l'addiction aux jeux (consoles, jeux de cartes comme le poker, mais également loterie, paris sportifs, mises sur internet...), ayez conscience du danger que cela peut représenter pour vos enfants.

Vous devez accompagner au mieux votre ado pour qu'il puisse s'épanouir dans sa passion. J'ai toujours été mordu de sport, voulais devenir prof d'EPS, et je gère aujourd'hui une salle de sport. Le sport, ma passion, j'en ai fait mon métier. La passion de votre ado sera peut-être, elle aussi, à l'origine de son parcours professionnel... Qui sait ?

S'il devient totalement déraisonnable au point de ne plus pouvoir se réfréner, il vous faudra lui parler ; mais avoir une passion peut être une très belle façon de grandir et de s'épanouir. En outre, si vous vous intéressez à sa passion, cela renforcera certainement vos liens.

# Votre ado et ses **PROFS**... Qui croire ?

L'adolescence est une phase d'affirmation de soi. Parfois, cela rime avec une intolérance et des positions un peu extrêmes.

Ainsi, lorsque votre ado arrivera, indigné par tel prof qui s'est *très mal adressé à lui*, ou l'a pénalisé d'une mauvaise note, vous risquez d'entendre que ce prof :

- « *De toute manière tout le monde le déteste* ».
- « *Il ne peut pas me voir, et ça, depuis le début (et je ne sais vraiment pas pourquoi)* ».
- « *Il est complètement fou, il a des réactions ridicules, tout le monde se fiche de lui* ».
- « *Il manque totalement d'autorité, non, mais le pauvre mec franchement* » !

etc.

Tous ces jugements ne s'appuient évidemment sur rien de très probant. Je vous invite donc à ne pas gober entièrement ce que dit votre ado et à ne pas l'encourager à parler ainsi de ses profs. Ne vous énervez pas, mais dites que vous restez un peu sceptique, tout en lui laissant le bénéfice du doute. Après tout, il y a des fous partout. J'ai moi-même eu en primaire un instituteur maltraitant qui nous mettait des coups de bâton sur la tête, des gifles, des coups de règle en fer sur le bout des doigts... on n'osait pas en parler à nos parents.

Si le problème vous semble suffisamment grave, n'hésitez pas à aller rencontrer ce professeur pour vous faire votre propre idée. Peut-être lui suffira-t-il d'ailleurs d'en apprendre davantage sur votre enfant pour l'aborder et le considérer autrement.

Le premier réflexe à avoir n'est pas d'aller dans le sens de votre enfant, mais plutôt dans celui du professeur, et de toute autorité quelle qu'elle soit.

Mon fils, après avoir eu plusieurs mauvaises notes d'affilée, est parti du principe que son prof « ne l'aimait pas ». Curieusement, lorsque ses notes sont remontées, il ne l'incriminait plus et le trouvait finalement assez sympa... Il y a donc deux poids, deux mesures...

C'est tellement « ado » tout ça !

# Autour de la **PUNITION**

La punition sert à faire comprendre à un enfant ou un ado qu'il a eu tort, mais surtout à éviter qu'il ne récidive ou n'adopte des comportements encore plus graves.

On peut notamment punir pour :

- un manque de respect ;
- un refus d'obéir ;
- un comportement inadapté ou dangereux ;
- un refus de travailler.

Mais il faut choisir des sanctions adaptées à la faute, notamment :

- le priver d'objets ou activités non indispensables à son équilibre (écrans, soirées…) ;
- lui faire réparer la faute commise ;
- lui faire effectuer des tâches diverses ;

Surtout, il ne faut pas céder ou interrompre la punition avant son terme ! À vous de bien réfléchir au timing !

On ne punit pas en :

- faisant à l'ado ce qu'il vous a fait (tu me bouscules, je te bouscule) ;

- humiliant l'enfant (s'en moquer, le traiter de tous les noms et le sommer de vous supplier à genoux est aussi vain que dangereux pour son psychisme) ;

- le privant d'une activité qu'il aime, si elle est bonne pour lui (sport, musique, etc.) ;

- lui disant qu'on ne l'aime plus ;

- le mettant dehors (les parents doivent subsister aux besoins élémentaires de leurs ados, c'est la loi).

## EXEMPLES DE PUNITIONS ADAPTÉES

- Votre ado fait une teuf sans votre accord et vous retrouvez votre appart' retourné. La première chose à faire sera évidemment de lui faire ranger et briquer tout ce qui peut l'être. En cas de casse, il pourra être pénalisé sur son argent de poche et ses cadeaux de Noël. Ayant trahi votre confiance, il sera en outre privé de soirées et de sorties avec les copains durant quelques semaines.

- Votre enfant a séché un cours : vérifiez ce qu'il a fait pendant ce temps-là et laissez le collège sanctionner. Prévenez votre ado que si ça se reproduit, vous le punirez de façon significative (privation de téléphone ou de sortie...)

- Votre enfant vient de vous insulter : Exigez immédiatement des excuses et si vous sentez qu'il rechigne, mettez un terme immédiat à tous ses privilèges durant un bon bout de temps : téléphone, sorties... Vous pouvez également le priver de quelque chose qui lui tenait particulièrement à coeur (le week-end prévu chez le copain, etc.). Des sanctions à la hauteur de l'indignation que vous devez lui montrer ! Que cela ne lui vienne pas à l'idée de recommencer !

- Votre enfant a encore laissé sa chambre dans un état épouvantable : Vous le sommez calmement de la ranger de suite. S'il ne le fait pas, prenez calmement ses écrans le temps qu'il s'exécute.

- Votre enfant a bu, ou fumé alors que vous l'interdisez. Si vous voulez punir, c'est sur l'argent de poche que vous pourrez jouer (*je ne finance pas ça !*), mais ça ne vous dispense pas d'une bonne discussion, en veillant toutefois à employer des arguments qu'il peut entendre (ce n'est pas un hypothétique cancer dans trente ans qui va l'émouvoir...). Parlez-lui plutôt du prix de son addiction, de ce que cela induira très vite physiquement (dents jaunes, baisse de libido, odeur de vieux mégot).

- Votre enfant est rentré une heure en retard par rapport à ce qui était convenu : ce sera deux heures de sortie en moins pour sa prochaine beuverie !

# Aller voir un **PSY**, est-ce utile ou non ?

La démarche devrait idéalement être une initiative personnelle pour bien fonctionner. Je le sais, je suis allé en voir deux ! Et depuis tout va bien. Mais l'idée risque de ne pas venir spontanément à vos ados… Alors ? Cette démarche est-elle utile ou pas ?

## Nous avons recueilli l'avis de Sylvain P. psychanalyste :

Un ado doit consulter un psy lorsqu'il ressent de la souffrance ou qu'il souffre d'un dysfonctionnement avec ses copains, au collège ou à la maison.

Les ados pensent souvent qu'aller voir un psy ne sert à rien. Et en effet, la grande majorité des ados que j'ai rencontrés ne décident pas seuls d'aller consulter, mais me sont amenés par leurs parents.

Ceux-ci, conscients du mal-être de leur enfant, ou souhaitant en comprendre l'origine, se tourneront vers le psy.

En psychanalyse, les deux ou trois premiers entretiens avec un ado sont fondamentaux et déterminants. Il faut qu'un lien se crée, c'est « l'alliance thérapeutique ». Si ce lien ne se crée pas au bout de quelques séances, on ne pourra pas faire un bon travail et il sera préférable d'arrêter le suivi pour essayer de rencontrer un autre psychanalyste.

Lors du premier entretien, je rencontre toujours les parents avec l'ado, mais jamais les parents seuls.

Ceux-ci sont ensuite invités à attendre à l'extérieur et la discussion avec l'ado peut commencer.

« Si l'ado sent que tu "es en vérité" avec lui, que tu n'es pas dans le jugement, et que tu respecteras le secret, la confidentialité, sa confiance pourra naître et aura de fortes chances de résonner à l'endroit où il y a des dysfonctionnements. Il pourra ainsi espérer aller mieux ».

Exemple : Dans le cadre de ses études, une jeune en classe de Terminale avait des angoisses profondes - peur d'échouer par exemple - qui l'empêchaient de restituer tout ce qu'elle apprenait. Ayant des difficultés de concentration importantes, elle oubliait tout ce qu'elle apprenait. Cela émanait en réalité d'une trop forte exigence de ses parents. Ceux-ci exerçaient une très forte pression sur elle sans même s'en apercevoir.

Elle ressentait une souffrance terrible, car elle travaillait dur - le jour et une bonne partie de la nuit - et constatait que les résultats n'étaient pas au rendez-vous. C'était frustrant et très angoissant pour cette jeune fille. Imaginant qu'elle n'allait jamais réussir, qu'elle ne valait plus rien, elle pensait même parfois au suicide.

Mon travail a été de lui faire comprendre quelle était la réalité de sa valeur - qui était bien plus immense que la valeur du simple diplôme !

Finalement, elle a eu son BAC avec mention très bien !

# En finir avec le **RACKET**

Parmi les modes de harcèlement les plus répandus, on trouve le racket, qui consiste à rançonner quelqu'un par la force et/ou la menace.

Cette pratique est malheureusement courante et, de plus en plus souvent, les racketteurs utilisent des photos compromettantes pour faire chanter leurs victimes.

Il s'agit d'un délit d'extorsion.

Comme le harcèlement, c'est puni par la loi et passible de 100 000 € d'amende et/ou de sept ans de prison si commis par un individu de plus de 16 ans et 50 000 € si commis par un jeune de 13 à 15 ans. Les peines peuvent même être plus graves selon les cas (blessures, etc.).

Un cas de racket dévoilé est résolu en quelques jours, alors que s'il reste tu, il peut perdurer très longtemps et avoir de dramatiques conséquences.

Comme je vous le dis tout au long de ce livre, le principe est de rester toujours aussi attentif que possible aux comportements de vos ados, et surtout à leurs changements de comportement.

Si des notes baissent, que votre enfant se renferme sur lui-même semble triste et inquiet, si dans le même temps vous constatez la disparition de sommes d'argent ou d'objets à votre domicile, interrogez-vous !

Idéalement, vous devriez prévenir tous vos ados que le racket est très facile à faire cesser et que vous les protégerez le temps qu'ils soient certains d'être en sécurité, mais qu'il faut le dénoncer.

Il convient de faire un signalement au chef d'établissement si le harceleur est dans le lycée. Celui-ci devra bien sûr mener des entretiens avec le racketteur, les familles, les témoins potentiels... sans dévoiler le nom de la victime. Puis il prendra des mesures pour assurer la protection et la sécurité de la victime et punir l'agresseur.

La famille devra suivre de près ce processus. Si cela ne lui semble pas aller assez vite, elle contactera le référent harcèlement académique.

Si le harceleur est extérieur au collège ou au lycée, il faut faire un dépôt de plainte à la police et assurer la sécurité de votre enfant durant ses trajets, le temps que cela se règle.

Surtout, n'intervenez jamais seul en vous confrontant à ou aux agresseurs, car cela ne fait souvent qu'empirer la situation.

# **RÉSEAUX SOCIAUX**, prévenir les dangers

Internet, avec son offre sans cesse renouvelée de réseaux est une véritable jungle pour nos ados, et un merveilleux terrain de jeu pour des individus malfaisants et sans scrupules.

Être sur le Net est parfaitement normal pour un jeune aujourd'hui. Ils ont accès à cette immense fenêtre ouverte sur le monde, avec un accès à une infinité de sujets et de personnes.

Parmi les réseaux sociaux, on compte :

- Ceux qui servent à la communication et aux échanges : Twitter, Snapchat, Whatsapp, Skype, Telegram...
- Ceux permettant la diffusion de vidéos : Tik Tok, Instagram, YouTube, Vimeo, Dailymotion, Periscope, Twitch...
- Les réseaux professionnels : LinkedIn, Viadeo, ...

Et bien d'autres réseaux thématiques (voyage, restauration...)

## Que risque votre ado sur les réseaux sociaux ?

Étant sur les réseaux sociaux, votre ado n'est pas à l'abri de tentatives de harcèlement, d'abus sexuels, de campagne de hating ou de rumeurs, de chantage, du vol de son identité numérique ou autres. Il faut qu'il en soit pleinement conscient et connaisse les manifestations les plus connues de ces différents risques. Il peut également développer des addictions à internet et aux réseaux sociaux, et cela peut avoir de graves conséquences.

Les escrocs et prédateurs en tout genre ont une imagination débordante pour créer des arnaques toujours plus élaborées et de nouveaux angles d'attaque. Mais il existe tout de même des précautions que votre ado peut prendre :

- Mettre des mots de passe complexes et les changer souvent

- Resserrer les rangs de ses amis à des personnes qu'il connait personnellement. Attention aux arnaques de séduction : On n'allume jamais sa webcam avec quelqu'un qu'on ne connait pas personnellement et on évite absolument de s'exhiber... Trop de chantages et d'arnaques grâce à cette technique bien rodée, et si connue, mais chaque jour des personnes se font encore avoir !

- Ne jamais communiquer ses infos personnelles, sans savoir dans quel but elles seront utilisées.

- Ne jamais envoyer d'argent à quiconque (même pour faire venir une jolie fiancée venue de loin...)

- Mesurer chacune de ses publications : La photo de la soirée d'hier où j'apparais un peu défoncé sera encore là dans des années... le jeu en vaut-il la chandelle ? De même, on ne poste aucune photo d'un tiers sans son autorisation.

- Qu'il ne prenne pas le Web pour un défouloir. Tout propos haineux ou diffamatoire est évidemment à proscrire.

Vous devez mettre vos ados en garde sur la visualisation d'images pouvant les choquer : brutalité animale et humaine (pédophilie, lapidations en direct, bagarres, viols...).

Si jamais votre ado se fait avoir, signalez le harcèlement sans attendre.

## RASSEMBLER et se retrouver

*(autour d'un dîner, d'un sport, ou d'une activité...)*

Votre ado va se faire de plus en plus discret dans la maison, c'est normal. Mais il est important de réussir à intercepter régulièrement ce véritable courant d'air pour des moments sympathiques, loin de toute préoccupation du quotidien.

Un pique-nique, une séance de sport, un petit dej' amélioré le dimanche en famille, un apéritif tous ensemble, une séance de bowling ou pourquoi pas un tournoi à la *PlayStation*... C'est à chacun de ces petits moments que vous montrerez à vos enfants que la famille, ça peut parfois être cool quand même ! C'est également à ces occasions que vous pouvez prendre le temps d'observer tranquillement votre ado.

Avoir régulièrement du plaisir à se retrouver, à échanger, à blaguer ensemble, c'est l'un des ciments de la communication avec vos ados.

## Étouffer la **RÉBELLION**, est-ce une bonne idée ? (*User du compromis*)

Face à un ado rebelle, qui rechigne à tout et pour tout, teste votre autorité et vous pousse dans vos retranchements, vous avez parfois envie de baisser les bras...

Sans aller jusque-là, l'usage du consensus peut apporter une respiration précieuse à tout le monde. La communication peut reprendre ses droits dans la maison et cette forme de lâcher-prise, de détente, peut faire bouger bien plus les lignes qu'une obstination maladroite à s'énerver les uns les autres.

Comme je vous l'ai dit, c'est vous, parents, qui connaissez le mieux vos enfants, alors si à un moment vous pensez qu'il faut lâcher un peu la bride pour faire revenir votre tête de pioche à de meilleures dispositions, eh bien faites-le, essayez ! Prenez cela comme un stratagème ou un consensus, plus que comme une capitulation !

L'enfant a besoin d'autorité, mais le conflit permet rarement à cette autorité de s'exprimer pais blement !

# La **RÉCONCILIATION** : Le meilleur moment pour se dire les choses

Suite à une altercation, à une brouille longue ou passagère, vient l'heure de la réconciliation. À ce moment précis, vous, comme votre enfant possédez la meilleure volonté du monde, êtes bien plus ouvert à la discussion et à l'analyse de ce qui s'est produit.

Profitez-en pour dire à votre ado combien vous l'aimez, pour dire ce que vous ressentez, ou même pour exprimer des regrets ou présenter des excuses, tout en évitant de relancer le débat.

Dire je t'aime à ces moments-là, c'est précieux et fait tellement de bien à chacun.

# REDOUBLEMENT, lorsque la sanction tombe

Quelle qu'en soit la cause, un redoublement est suffisamment compliqué à gérer pour un ado sans avoir besoin que les parents enfoncent le couteau dans la plaie. La sanction tombe, elle n'étonne normalement pas grand monde et selon les raisons du redoublement, votre réaction aura déjà été appropriée.

Si cela émane d'un manque de travail manifeste :

- Vous vous indignez bien sûr et surtout lui dites qu'il a été seul artisan de son échec
- Vous mettez si possible en place des cours pendant l'été et des cahiers de vacances.
- Vous le prévenez qu'à partir de septembre, il sera bien plus limité dans ses sorties, avec sa console et son téléphone, que cela ne soit pas une surprise à la rentrée.
- Dites-lui bien que c'est pour lui une chance s'il s'accroche cette fois-ci, d'amorcer enfin une scolarité normale et régulière.

Si cela émane d'un autre problème (trouble de l'attention, manque de confiance en soi ou simplement de maturité nécessaire pour ce niveau) :

- Vous lui montrez que le redoublement n'est certainement pas une sanction, mais une chance de se remettre à niveau, et de retrouver confiance en lui et en ses capacités.

Donner à son ado la chance de faire une meilleure année lui permettra de poursuivre aisément sa scolarité. Croyez-moi, s'opposer à son redoublement ne serait probablement pas une bonne chose, même si pendant longtemps les parents vivaient dans la terreur que leur enfant « perde une année ».

Dans les deux cas, n'en faites pas un drame, car c'est suffisamment anxiogène pour un ado d'envisager le stress de sa prochaine rentrée sans ses camarades...

Laissez-le passer de bonnes vacances, émaillées d'un peu de révisions des fondamentaux si vous en avez la possibilité.

Dès la rentrée, instaurez des règles et rituels simples pour les réguler et vérifier au quotidien que leurs leçons sont sues et leurs devoirs faits.

# Sachez **REFUSER** sans le braquer

On n'a pas toujours envie de dire « Non » à son ado, mais c'est pourtant une bonne chose, si ce n'est pas systématique.

On n'est pas non plus en train de s'écraser si on dit souvent « Oui ». L'idée n'est pas de dire NIET à tout, mais d'évaluer au cas par cas.

Par exemple, cela peut vous faire plaisir d'aller faire les boutiques avec votre fille, mais si elle vous le demande à 17 h 30, rien d'étonnant à ce que vous refusiez.

Un enfant auquel on dit souvent *oui*, car le moment s'y prête, que cela ne dérange pas, etc. comprendra sans amertume qu'on lui dise *non* dès lors que c'est un peu argumenté : « *Désolée ma chérie, mais là, il est trop tard, je préfère nettement faire cela un autre jour en partant plus tôt, on aura d'avantage de temps devant nous.* » « *Désolé fiston mais non, Eric ne peut pas venir dormir ce soir : on se lève tôt demain pour ton match. Par contre, propose-lui une autre date, avec plaisir* ».

Si vous devez refuser des choses de manière plus virulentes (THE Soirée de l'année à ne pas manquer par exemple), rassurez-vous, il ne vous en tiendra pas rigueur longtemps, alors n'ayez pas peur de refuser, tant que vous ne dites pas non à tout !

# Autorité : Soyez clairs et tenez bon les **RÈGLES** établies

Tout au long de la période de cohabitation avec vos enfants, le quotidien sera régulé par de nombreuses petites règles qui resteront sans appel et n'auront nul besoin d'être répétées.

Ce sont souvent ces mêmes règles sur lesquelles s'appuieront vos enfants lorsqu'eux-mêmes seront parents.

Ce sont les règles basiques, qui tiennent plus de la bienséance ou de la correction que de l'autorité.

Par exemple, on ne se lève pas de table, on n'interrompt pas quelqu'un, on ne parle pas la bouche pleine, on propose son aide spontanée à une personne âgée dans le bus et on prévient si on a un retard imprévu.

C'est ainsi que tout un tas de petites règles s'instaurent.

Pour certaines d'entre elles, pourtant anciennes, vos ados font peut-être un peu de résistance (notamment les règles relatives au rangement, au débarassage de la table, etc.)

Mais pour certaines autres, plus récentes, ils comprennent bien l'enjeu. En prévenant de leur retard - si l'heure maximale de retour à la maison est dépassée - ils savent qu'ils achètent, d'une part, leur tranquillité, mais également l'assurance qu'on ne leur fera pas payer cet oubli lors d'une prochaine sortie.

Par contre, certaines règles doivent valoir la peine d'être bafouées... ainsi le temps de téléphone sera très souvent dépassé, celui-ci vous sera restitué après nombre « *Oui oui ! J'arrive tout de suite* ». La table ne sera mise qu'au bout de 5 injonctions (et juste au moment de s'attabler d'ailleurs).

Tout cela montre une chose, c'est que nos ados font parfaitement la différence entre une règle essentielle, concernant leur sécurité et de petites règles certes très utiles, mais d'une importance plus relative !

Votre but est de ne jamais cesser de tenter de les faire appliquer. Jour après jour. Avec courage et ténacité.

Bon courage !

## Le **RESPECT** c'est mutuel !

Combien d'ados réclament aujourd'hui qu'on les respecte ? Et franchement, il n'y a rien de plus naturel !

Respecter quelqu'un, c'est lui témoigner de la considération. C'est l'un des ingrédients essentiels à une bonne communication.

Ce n'est pas toujours le cas, mais normalement, les parents portent plutôt un regard bienveillant sur leurs enfants et montrent volontiers leur enthousiasme et leur admiration lorsque ceux-ci progressent et évoluent correctement.

Si vous n'éprouvez aucune considération pour une personne, vous n'y prêterez aucune attention ou alors une attention critique et malveillante. Ce miroir, que vous lui renverrez, ne la fera nullement progresser. Ce sera juste pénible pour elle.

Manifester des sentiments positifs, c'est entraîner une spirale positive. Le respect est un mot qui englobe ces multiples sentiments positifs et cette attention portée à l'autre.

Il facilite la compréhension. L'ado qui se sent respecté vous écoutera bien plus attentivement que celui qui se sent méprisé.

Dans les reportages, on voit souvent des ados qui se retrouvent au poste de police et prennent les flics pour des c***, adoptant des postures de mépris difficilement supportables. Ceux-ci n'ont sûrement pas été considérés eux-mêmes, hormis par les potes qu'ils protègent. Ils ne savent même pas qu'on peut respecter un adulte sans perdre sa loyauté envers les potes, mais ils réclament le respect à grands cris !

Vous aussi pouvez vous braquer, si votre ado vous parle de manière abrupte, ne respecte pas votre façon de vivre, votre travail, vos amis ou vos goûts... (bon, il a le droit de se moquer gentiment, quel ado ne le fait pas). Mais montrez plutôt l'exemple, ouvrez vos oreilles, regardez votre enfant, cherchez à comprendre et à voir la situation sous un angle différent. Vous verrez que le comportement de votre ado changera instantanément.

Attention et respect sont des outils magiques à utiliser sans modération. Ils permettent à celui qui les reçoit de les ressentir et de les transmettre à son tour.

Lorsque mes enfants étaient petits, je leur demandais bien sûr de dire bonjour aux personnes que nous fréquentions.

La plupart d'entre elles félicitaient mes enfants pour leur politesse et je voyais bien la fierté briller dans leurs yeux comme dans les miens.

Être poli et respectueux, c'est une vraie satisfaction.

# SCARIFICATION : Un mal très actuel

Avec les séries Netflix et le Web, ce qui était auparavant une pathologie aussi confidentielle et rare que l'anorexie, devient un phénomène de plus en plus répandu.

Il faut prendre ce problème avec le même sérieux qu'une tentative de suicide. Le schéma est assez similaire et peut parfaitement justifier une hospitalisation.

Un gamin m'expliquait que sa prof le harcelait à l'école, qu'il ne savait pas comment en parler à ses parents mais qu'il se faisait du mal et que cela lui faisait du bien ! C'est fou ce que je suis en train de vous dire : la douleur lui faisait du bien ! Et en effet, pour certaines personnes, la douleur physique rend moins incompréhensible la douleur morale. On a enfin mal « pour quelque chose » ! Cela apporte un bref soulagement à celui qui se l'inflige.

Le gamin m'a autorisé à en parler à son père. Celui-ci s'est rendu au collège, et le problème a très vite été résolu : l'enfant va beaucoup mieux aujourd'hui, il a changé de collège et suite à sa plainte, sa prof a été sanctionnée. Comme quoi, on peut résoudre certains problèmes facilement si on y met l'attention, l'intention et la communication suffisante.

Une autre fois, je rencontre une jeune fille qui se scarifie suite à une agression. Incapable de relater son viol à ses parents, et pleine de culpabilité, elle se scarifiait, et ses malheureux parents n'y comprenaient rien !

Si vous surprenez vos ados à se scarifier, ne restez pas sans réagir et tournez vous très vite vers des professionnels.

# Il **SÈCHE** les cours : Comment le ramener dans le droit chemin ? (*celui du bahut*)

En grandissant, l'enfant tente souvent de braver l'interdit.

Ne vous étonnez donc pas trop si un jour vous apprenez qu'il sèche un cours ! Peut-être, vous qui me lisez, l'avez vous-même fait dans votre adolescence, et tiriez même quelque fierté à l'idée de cette prise de risque et de ce petit pied de nez à l'autorité[2].

Bien sûr, si vous apprenez que votre ado a séché deux cours au second trimestre, indignez-vous et administrez une punition (une privation de portable le temps d'un week-end devrait suffire).

Mais si cela devient fréquent, voire symptomatique, c'est qu'il y a sûrement une raison autre (phobies, agression).

2 Personnellement je n'ai jamais séché, mais mon éditrice, elle, m'a avoué qu'elle le faisait !

# SECRET : Faut-il tout dire ?

Bien sûr, vous avez le droit de ne pas tout dire à votre ado si cela vous concerne, que vous considérez que c'est de l'ordre de votre intimité. Mais ayez tout de même à l'esprit qu'un lourd secret de famille peut engendrer des problèmes psychologiques sur plusieurs générations.

Je le dis tout net, le secret est quelque chose de plutôt encombrant. N'en usez que si cela vous semble nécessaire. Attention, je parle de vrai secret, pas de la discrétion que vous devez bien sûr avoir pour les choses qui vous regardent vous, ou qui en tous les cas ne concernent pas votre ado !

Après, faut-il vraiment parler de tout devant son ado ? À vous de voir si vous souhaitez évoquer devant lui le divorce de votre amie Josiane ou les problèmes psychologiques de votre collègue de bureau qu'il connait très bien. Cela dépend de sa maturité. Si vous avez la certitude qu'il restera discret, lui parler de ça, c'est lui parler de la vraie vie, des aléas qu'on y rencontre.

Pourquoi ne pas le sensibiliser à cela et lui montrer que faire preuve d'intérêt et d'empathie ne signifie pas forcément se montrer voyeuriste ?

Un secret dévoilé sur le tard causera bien plus de malheur qu'une bonne explication. Un enfant adopté souffrira par exemple bien plus s'il l'apprend à 20 ans que s'il l'avait toujours su. Mais c'est évidemment à chacun de faire ses choix et d'en assumer les possibles conséquences.

# SEXUALITÉ : Respect de soi-même et des autres

La puberté indique que la maturité sexuelle est en passe d'être atteinte. À partir de ce moment, les hormones prennent souvent le dessus sur nos pauvres ados qui se retrouvent bien manipulables, influençables et en proie à de nombreux dilemmes.

Dans les pires cauchemars des parents, on trouve pêle-mêle le fait que son enfant se mette sexuellement en danger, subisse un traumatisme, soit poussé à l'acte malgré lui, que la première fois se passe mal, qu'il soit sous influence, se fasse volontairement du mal...

Mais vous ne pourrez pas empêcher votre enfant de faire ses propres expériences. Il faut accepter que, sur ce point, vous n'aurez pas vraiment voix au chapitre, même si votre enfant est du style à vous parler de tout...

C'est pourquoi faire un point « sexualité » avec votre ado est une nécessité. Inutile d'être intrusif ou de vouloir jouer les professeurs d'éducation sexuelle, ils parlent tellement de cela entre ados, qu'ils en savent sûrement autant que vous. Par contre, un peu de prévention ne peut pas faire de mal.

1) Expliquez-lui que ses changements physiques induisent des changements hormonaux qui influent forcément sur leur humeur, leurs pulsions, et leur potentiel désir. Et que c'est parfaitement normal. Si votre fille n'a pas encore eu ses règles, par pitié, n'attendez pas

qu'elle découvre cela par elle-même sans lui en parler et lui fournir les protections adéquates.

2) Sur internet, vous pouvez être sûr que vos ados ont déjà vu des scènes pornographiques. Or ce que montrent les films pornos est en parfait décalage avec la réalité, mais les ados ne s'en rendent pas obligatoirement compte. Or si certaines personnes ont des pratiques sexuelles différentes ou originales, ce n'est vraiment pas le fait de la majorité. Le porno n'est pas la réalité. Il est d'ailleurs rarement question d'amour dans les films pornos qui mettent en scène des rencontres fortuites et des attirances immédiates... très immédiates !

3) On doit respecter son corps comme celui de l'autre : Personne n'a le droit de toucher quelqu'un sans son accord. Si l'on aime quelqu'un, on ne le contraint pas à faire ce qu'il ne désire pas également. Quelqu'un qui t'aime vraiment ne te forcerait jamais à faire quoi que ce soit contre ton gré. C'est d'ailleurs puni par la loi.

Faire l'amour, c'est magique ; mais c'est préférable lorsque l'amour est bien présent et réciproque.

Je rajoute que la majorité sexuelle est passée à 15 ans. Si votre fils de 16 ans tente d'approcher (sexuellement) une fille de 14 ans et demi, il se met hors la loi. Prévenez vos enfants.

4) La masturbation, ce plaisir solitaire, est quelque chose de normal et naturel, qui permet de mieux se connaître et se découvrir.

5) Parlez très tôt de contraception à vos ados. Inutile au XXIe siècle de se retrouver avec une maladie vénérienne, le sida ou une grossesse non désirée (même si un accident peut toujours arriver). Le sida fait encore des victimes et s'il est de mieux en mieux pris en charge, quel dommage de devoir subir des années de lourds traitements, surtout à quelques années de la naissance d'un vaccin.

Les ados se protègent de moins en moins, alors faites vous-même un minimum de prévention et mettez des paquets de préservatifs à leur disposition. Inutile de leur expliquer vous-même comment les enfiler, cela les mettrait probablement très mal à l'aise ! Envoyez-leur plutôt une vidéo pédagogique ou des comptes insta adaptés, il y en a plein ! Par contre, soyez insistant sur l'importance de ne pas faire sans !

***Pas de coup sans caoutchouc***
***Pas de nique sans plastique !***

6) Proposez à votre fille de choisir avec vous son gynécologue. Dès 11 ans, parlez à votre généraliste du vaccin contre le papillomavirus, il lui évitera peut-être un cancer de l'utérus plus tard.

7) En cas de grossesse, inutile de vous mettre en colère. Ce qui est fait est fait. C'est juste un moment de détresse totale pour une ado, alors n'en rajoutez pas, respectez-la, et accompagnez-la au mieux dans les décisions qui doivent être prises.

8) Votre ado a une orientation sexuelle différente ? C'est son affaire, vous n'y pourrez absolument rien et c'est très bien ainsi. Assurez-vous juste qu'il/elle est bien dans ses baskets et qu'il/elle s'accepte comme il/elle est.

S'il/elle se considère d'un genre différent, il faudra par contre consulter des spécialistes qui l'aideront à confirmer cela et à envisager (ou renoncer à) de potentielles transformations ou traitements hormonaux.

9) À une époque où le sexe est assez libéré, voire désacralisé, expliquez bien à vos enfants qu'on n'utilise pas son corps pour obtenir quelque chose (non à la prostitution !) et qu'on ne doit pas accepter le moindre chantage. Vous êtes là pour l'aider à se sortir de toute situation de manipulation dans laquelle il ou elle serait embourbé. Dites-le-lui !

# Préserver son **SOMMEIL**

L'ado, du fait de ses hormones en ébullition, a un rythme de sommeil totalement chamboulé. Les spécialistes expliquent que nos ados vivent au quotidien ce que nous devons supporter ponctuellement lorsque nous sommes en décalage horaire.

Ne vous étonnez donc pas si votre ado, bien qu'épuisé toute la journée, se couche très tard. C'est qu'il ne peut absolument pas s'endormir avant.

Par contre, il se réveillera bien plus tard le matin, ce qui ne l'empêchera pas d'être, tout de même, assez fatigué le reste de la journée.

On ne peut pas faire grand-chose contre cela, hormis lui proposer de faire du sport et de s'alimenter de la manière la plus équilibrée possible pour, au moins, limiter les carences.

Évidemment, enlever les écrans le soir reste, même pour les plus grands, le premier geste à accomplir !

# Bien doser les **SORTIES**

Voilà un sujet capital à l'adolescence : les permissions de sortie !

Il y a plusieurs éléments à prendre en compte pour déterminer quelles autorisations vous allez donner à votre ado :

1) Son âge : on ne fait pas les mêmes sorties à 13 ans qu'à 17 ans. Il y a même un gap entre ces deux âges et sur ces quatre années, il faut vous attendre à lâcher de plus en plus la bride.

2) Sa maturité : si votre ado est totalement inconséquent, vous ne lui accorderez probablement pas les mêmes autorisations que si sa maturité l'avait permis !

3) Où il sort : veut-il aller chez son petit voisin pour travailler son exposé ? Au cinéma ? Rejoindre les potes dans les rues (vous savez que ça, j'y suis assez opposé) ? Explorer une maison désaffectée ? À la soirée d'anniversaire d'Alice ? En boîte de nuit ? Il va falloir faire prendre cela en considération !

4) Quand il sort : de jour ? De nuit ?

5) Avec qui il sort : Est-ce avec sa bande de potes de toujours ? Avec son petit copain ? Avec une copine rencontrée sur le net et qui est dans le collège de la rue d'à côté ? Avec Roberto, quadragénaire fraichement sorti de taule ?

6) S'il a rempli toutes ses obligations : fait ses devoirs, appris ses leçons, rangé ce qu'il devait ranger...

Tout dépend du contexte et le contrat doit être clair : non seulement on ne sort pas tous les jours, mais certaines sorties demeurent exceptionnelles (la soirée par exemple). Les déambulations libres sont conditionnées au fait que toutes les tâches sont accomplies et qu'il n'a pas besoin d'accorder du temps à une révision.

Avec un gamin à peu près rigoureux, donner ces autorisations sera une preuve de confiance. Et pour rentrer un peu dans le détail, on peut estimer raisonnable d'accorder :

- Vers 13/14 ans : des soirées pyjama, des cinés entre potes, une boum de jour, une soirée si elle se termine à 23 h et que vous allez le chercher personnellement et avez eu l'assurance que les parents du gamin qui invite seront présents, planqués au fond de leur appartement.

- Vers 15 ans : même genre de soirée que pour 13/14 ans, jusque minuit/1h, mais plus d'autorisations de jour : votre ado peut commencer à visiter sa ville de long en large, à aller chez un pote puis chez un autre en vous envoyant un simple SMS. Il peut aller passer une après-midi avec sa copine, rejoindre des influenceurs, faire du lèche-vitrine, déjeuner parfois à l'extérieur le midi avec ses copains...

- À partir de 16 ans, votre ado peut commencer à sortir plus tardivement le soir, mais vous êtes toujours tenu d'organiser son retour. La journée, il n'est plus obligé de vous informer de ses faits et gestes, tant que vous trouvez son comportement correct et habituel.

Vous ne souhaitez pas qu'il rentre à minuit, mais à 22 h, un petit stratagème consiste à lui dire que vous préférez qu'il rentre à 21 h. Il entrera en négociation avec vous et vous ferez mine de lui abandonner une permission de 22 h. Il se sentira gagnant !

# Mon ado ne pense qu'au **SPORT**

Votre ado est totalement obsédé par son sport. Il en fait quotidiennement, est attentif à son alimentation, ne vit qu'au travers des matchs ou tournois qui se profilent…

Ce n'est pas une mauvaise chose, tant qu'il ne néglige pas ses études et qu'il conserve une vie sociale et familiale normale.

Cela signifie peut-être également qu'il fera un métier de sa passion, auquel cas il faudra le suivre et l'encourager.

Ce ne fut pas mon cas… Mon père me disait que mon sport ne servait à rien et ne me rapporterait jamais d'argent… Je lui ai prouvé le contraire avec les années.

Si un enfant est passionné par le sport, il faut bien sûr l'encourager. Pourquoi ne pas l'inciter à participer à des compétitions s'il le souhaite ? Se mesurer à d'autres personnes est une excellente chose, savoir accueillir la victoire comme l'échec, une véritable école de la vie !

J'appelle les adhérents des associations sportives : « les champions de club ». Lorsqu'un « champion de club » se confronte à des adversaires de régions ou de nations différentes, on s'aperçoit que le niveau du champion n'est pas toujours aussi élevé qu'on l'imaginait !

Alors il faut encourager et suivre les efforts de l'enfant passionné de sport.

# Help, mon ado se prend pour une **STAR**

Votre ado avec ses 150 followers et ses copains branchouilles se prend pour une star. À la maison, il se comporte comme une vraie diva, s'accordant des heures dans la salle de bain au mépris des autres et braillant des heures entières les chansons de sa star préférée dans son home studio.

Tant que vous ne considérez pas qu'il est la risée de ses pseudos followers, fichez-lui la paix, car c'est sans doute une passion et peut-être même un talent qui est en train de naître sous vos yeux.

## Help ! Mon ado est vraiment une Star !

Si votre gamin a 200 000 followers, qu'il gagne désormais le double de votre salaire en ne faisant rien d'autre que de surfer sur son succès, inutile d'entraver cette ascension. Encouragez-le et faites en sorte qu'il garde les pieds sur terre en préservant de nombreux moments « normaux » dans son emploi du temps de ministre.

Profitez-en, s'il est majeur, pour lui demander gentiment de contribuer aux frais de la maison...

# TENTATIVE DE SUICIDE,
## pourquoi mon enfant fait-il cela ?

Le suicide est la première cause de décès chez les adolescents. Ce n'est vraiment pas quelque chose à prendre à la légère.

La première chose à faire est de ne jamais sous-estimer la souffrance de votre enfant, car elle est rarement feinte.

20 à 30 % des adolescents suicidaires ont des pathologies d'ordre psychiques (dépression, schizophrénie, troubles anxieux, bipolarité…), mais d'autres raisons peuvent pousser un ado à mettre fin à ses jours, parmi lesquelles :

- un rejet social ou du harcèlement ;
- des problèmes de santé ;
- des antécédents de T.S. dans la famille ou l'entourage ;
- des antécédents de maltraitance et d'abus sexuels ;
- des problèmes de précarité (déscolarisation, etc.) ;
- le décès d'un proche.

Évidemment, la période de bouleversement et de recherche qu'est l'adolescence n'arrange rien…

Certains signaux peuvent alerter les parents :

- Une tristesse évidente, l'impression exprimée de ne servir à rien et d'être un poids pour la famille.

- Des changements de comportement ou un certain isolement, des problèmes dans le cadre scolaire (notes en chute libre, ado qui sèche).

- Des problèmes de communication, de l'agressivité, de la provocation...

- Un comportement brutal ou à risques, la consommation répétée de toxiques, des fugues...

Un ado qui fait une T.S. doit impérativement être adressé à un médecin. Il peut être hospitalisé, mais cela n'est pas systématique. Par contre, un suivi sera mis en place.

Une T.S. est toujours un appel au secours.

Si proportionnellement peu de T.S. aboutissent à un décès, il est important de savoir déceler :

- une situation d'urgence avec un passage à l'acte imminent, (l'enfant sait souvent comment et quand il compte s'y prendre).

- d'une situation qui vous laisse un peu de temps pour parler avec votre médecin traitant ou la psychologue scolaire et de suivre leurs préconisations.

Expliquez dans tous les cas à votre ado à quel point vous l'aimez et avez besoin de lui dans votre vie, mais axez votre propos sur ses ressentis et non sur les vôtres. Apportez-lui toutes les raisons possibles de s'accrocher, tout en lui disant que vous vous attelerez, à ses côtés, à trouver le moyen que la vie ne lui paraisse plus aussi insupportable.

Je rajouterai que de nombreux cas d'autisme Asperger ne sont détectés qu'après que les enfants en question aient intenté à leurs jours, et ce principalement en début de puberté (11-13 ans).

# TENUE correcte exigée !

On n'est pas obligé d'être tiré à 4 épingles chaque jour. Dès lors qu'on est propre bien sûr !

On a le droit de s'accorder une journée en street wear confortable de temps en temps, mais on doit être capable d'adapter notre tenue en fonction des situations et que cette tenue soit soignée (chaussures propres, T-shirt non froissé sauf si la mode l'impose...). On fait un effort :

- Au collège on suit le règlement en vigueur. (Si le collège interdit les crop-tops, on n'en porte pas !) ;
- Aux fêtes de famille ;
- À un entretien, lors d'un stage/job ;
- Pour aller au restaurant, à une cérémonie quelconque.

Apprendre à un enfant à faire un effort vestimentaire, c'est lui inculquer le respect d'autrui et de lui-même. Savoir s'adapter à toutes les situations sera une force pour lui.

Et puis, il y a le style : une tenue peut vous paraitre grotesque, mais résulter d'une réelle recherche de votre enfant, correspondre à sa personnalité ou à un look du moment. Laissez l'ado exprimer sa créativité ! Et appuyez-vous sur les émissions sur la mode pour mieux piger ce qu'il tente d'incarner !

Ma chériiiieeeee c'est magnifaiiiiique

# Aider un grand **TIMIDE**

Il y a une différence entre introversion et timidité.

L'introversion est un trait de caractère, tandis que la timidité peut être pathologique.

Si votre ado est particulièrement timide, que cela représente un frein à sa sociabilisation et est très inconfortable pour lui, il ne faut pas hésiter à lui proposer différents moyens de transcender cela : hypnose, cours de théâtre, sophrologie ou méditation, sports, ou sorties régulières avec des personnes qu'il connait et apprécie déjà... Ne le laissez pas seul dans sa bulle !

J'ai vécu cela avec mes garçons... Je les encourageais à oser dans leur quotidien : par exemple à demander une fourchette à la place des baguettes au restaurant chinois.

Par contre, n'imposez rien : « On va essayer d'oser, OK ? ». Célébrez chaque menue victoire à sa juste valeur !

# « TOUT À L'HEURE » : La procrastination au service de l'ado

Il n'y a rien de plus naturel qu'un ado qui ne s'exécute pas immédiatement lorsqu'on lui demande quelque chose.

Jamais cela ne se fera du premier coup... Avec tout ado normal, vous serez tenu de répéter votre demande, jusqu'à devoir vous énerver contre lui.

*Tu peux m'apporter ton linge sale s'il te plait ?*

*- Oui oui !*

Si votre enfant obéit au doigt et à l'oeil, c'est que vous avez hérité d'une espèce rarissime, qu'il faudrait presque encadrer.

Hé oui, être parent, c'est répéter sans cesse, ressasser, insister... Youpi !

Par contre, vous pouvez essayer de lui faire comprendre que même s'il lésine et traine, il ne pourra pas y couper. Que plus il attendra, plus ses tâches sembleront s'accumuler.

Mais gardez votre calme et fonctionnez en trois temps :

1) *Tu peux m'apporter ton linge sale s'il te plait mon chéri ?*

2) *Je t'ai gentiment demandé de m'apporter ton linge sale, j'aimerai bien ne pas avoir à m'énerver contre toi pour que tu le fasses.*

3) *C'est la troisième fois que je te le demande. Dernière sommation : la prochaine fois, c'est ton portable que je prends et tu pourras oublier ta sortie de samedi avec tes potes.*

Vous aurez franchi les étapes normales pour l'infléchir, fait exactement ce qu'il attendait de vous, mais au moins, vous êtes resté tout à fait conscient du processus et ne vous êtes pas mis en boule. C'est épuisant de s'énerver.

Quand on peut l'éviter, il faut le faire.

# Ado et **VACANCES** : Quand plus rien n'est comme avant

Vous commenciez à vous faire à votre train train annuel, les sièges bébé avaient enfin disparu de la banquette arrière, ç'en était fini des cris et des pleurs de fatigue de vos jeunes enfants... Et voilà que, presque sans transition, vous vous retrouvez avec des ados qui :

- prennent de la place dans la voiture (leurs valises sont plus grosses que les vôtres et tout est tellement indispensable à les entendre !) ;
- vont tout faire pour passer « leurs meilleures vacances », (non pas avec vous, mais avec leurs potes) ;
- négocieront à outrance pour la moindre minute à gagner, la moindre activité à se faire offrir (bouée tractée, etc.) ;
- se lèveront à "pas d'heure" le matin, et vous prendront la tête toute la journée pour vous arracher l'autorisation de rentrer de plus en plus tard chaque soir... ;
- vous seront d'une inutilité abyssale : allez demander à un courant d'air de faire les courses ou de vous aider à passer l'aspiro... ;
- rappliqueront avec leur bande de potes pour dormir, dîner..., et là, vous verrez ce que devient un frigo lorsque des ados rôdent autour...

Vous avez simplement besoin de leur rappeler les règles, car si elles sont parfois assouplies pendant les vacances, elles n'en sont pas moins toujours valables (on peut par exemple rentrer un peu plus tard que prévu)

Dès le départ, posez les bases ! Précisez les règles avec vos enfants, d'un commun accord.

Lorsque je partais en vacances avec mes parents et mon frère, en direction des plages du Nord aux flots marrons (on n'avait pas les moyens d'aller voir la mer Méditerranée bleue azur), après le dîner assez tardif, nos parents nous donnaient l'autorisation de sortir, mais on devait rentrer à l'heure dite ! On avait plus de libertés en vacances et on acceptait volontiers ces règles-là puisqu'en définitives elles nous arrangeaient bien !

# **VALORISER** son ado, c'est l'aider à grandir (*quitte à surjouer un peu*)

Que cela soit bien clair, lorsque je dis « valoriser », je ne prétends pas qu'on ne doit pas râler lorsque l'ado ne file pas droit ! Mais à sans cesse s'entendre dire qu'on est nul, on finit par le penser également, et à être à l'image de ce que l'on croit.

Si on valorise un enfant, on lui laisse entendre qu'il a toute la capacité de réussir, on lui transmet une grande confiance en lui, en ses capacités, et cela lui ouvre toutes les portes nécessaires.

Bien sûr, vous devez rester honnête et valoriser l'ado sans vous mentir.

Quoiqu'il arrive, n'hésitez pas à valoriser vos enfants (dans tous les domaines possibles). Cela boostera leur confiance en eux.

Par exemple :

- Tu mérites ton 16 en Français, ta rédaction était vraiment topissime !
- Bien sûr, tu peux prendre le train seul pour aller en vacances chez ton copain, tu en es parfaitement capable !
- Ce qui me rassure pour la soirée de samedi, c'est que je sais que tu es super raisonnable, je suis

tranquille, tu n'hésiteras pas à nous appeler s'il y a le moindre problème !

- Je trouve que tes potes ont beaucoup de chance de t'avoir, car tu es super fiable et toujours là lorsqu'ils ont besoin de toi !

- J'adore les photos que tu prends, tu as vraiment « l'oeil ».

- Trop beau ton sweat, tu l'as super bien choisi !

- Ce qui est bien avec toi c'est que quand tu t'y mets, tu fais vraiment les choses bien !

- Ce qui est bien avec toi, c'est qu'on peut vraiment te faire confiance !

# Mon ado veut **VOYAGER** seul/sac au dos/avec des potes

On parle ici d'un grand ado, de 16 ans minimum. Si celui-ci est vraiment raisonnable, que vous connaissez les potes avec lesquels il part, si vous savez où il dormira exactement (dans quel camping ou auberge de jeunesse)... Peut-être pouvez-vous envisager de le laisser partir 4 ou 5 jours.

Bien sûr, il vous faut faire une croix sur le fait que votre ado se couchera à 22 h après une bonne grenadine... il fera certainement de petits écarts au contrat, et c'est normal.

À un moment il faut commencer à lâcher un peu la bride à ses enfants, les laisser faire leurs propres expériences.

Chaque année ils auront plus de latitude, mais votre inquiétude, elle, ne diminuera certainement jamais. Autant vous y faire.

Si vous conditionnez leur liberté à votre inquiétude, vous ne les laisserez jamais voler de leurs propres ailes. C'est douloureux, mais c'est ainsi. Et aujourd'hui il y a les téléphones portables qui sont, somme toute, un moyen simple et rapide de dormir sur vos deux oreilles, mais ne harcelez pas Junior ou Juniorette et ne leur transmettez pas trop votre anxiété de séparation !

# Mon ado est **VIRÉ** de partout !

À force de ne pas travailler, de perturber la classe, de sécher et d'enfreindre le règlement, votre ado se fait systématiquement repérer au collège, quand il ne se fait pas carrément virer.

Peut-être le système scolaire ne lui convient-il pas... Il peut y avoir des raisons très diverses à cela : un enfant qui tente à tout prix d'attirer l'attention sur lui ; un enfant avec un trouble de l'attention, incapable de tenir en place ; un enfant précoce, qui s'ennuie ferme et ne sait pas ce qu'il fiche là ; un enfant psychiquement perturbé qui ne sait pas mettre de frein à ses pulsions... Voici quelques exemples, mais la liste n'est pas exhaustive, chaque enfant ayant son propre parcours, sa propre personnalité, et sa propre histoire.

Si votre ado manifeste des problèmes de ce type, il faut d'abord tenter de s'assurer qu'il n'a pas vécu un quelconque traumatisme, et tenter d'écarter les autres causes possibles. C'est en discutant beaucoup avec lui que vous l'aiderez à éclaircir ce point. (Cf « médiateur »)

S'il s'avère que la cause émane simplement d'un manque d'intérêt et d'une impossibilité à s'accorder avec un cursus classique, il faut évidemment tenter de lui proposer une nouvelle méthode d'apprentissage scolaire : cours à domicile, professionnalisation...

L'apprentissage en alternance est très intéressant pour les ados désireux d'apprendre un métier.

Passer un CAP ou un BAC Professionnel n'est pas une tare et présente l'avantage d'amener plus vite l'enfant dans la voie professionnelle. Ils intégreront une entreprise en ayant déjà de l'expérience. À une époque où il y a beaucoup de chômage, c'est une véritable force, d'autant que certains jeunes se découvrent parfois de véritables passions pour les domaines qu'ils découvrent, ou trouvent par la voie de la professionnalisation le moyen de s'épanouir autour d'une passion pré-existante.

Autre piste à creuser : les métiers « d'engagement » (humanitaire, armée...)

# WEEK-END et jours fériés : Le moment des retrouvailles

Lorsque le week-end arrive, il vient clôturer une semaine de fatigue, de stress, de tensions. Sachez l'accueillir et préserver quelques moments sympas avec vos ados.

Bien sûr, c'est le moment où votre ado va surtout avoir envie de sortir, de voir ses potes, de jouer les courants d'air ; et lorsqu'il sera entre vos murs, ce sera pour dormir d'interminables heures ou regarder des écrans inlassablement... Avec le temps qu'il devra accorder à ses devoirs, vous aurez l'impression de ne l'avoir quasiment pas vu.

C'est pourquoi la moindre petite plage de disponibilité doit pouvoir être mise sous le signe de la détente, de l'échange.

Son plan ciné avec son pote tombe à l'eau. Profitez-en et proposez d'y aller avec lui. Il est là pour le dîner ? Mettez toute votre fatigue de côté et n'en profitez surtout pas pour régler les comptes de la semaine.

Surtout, ne le prenez pas pour vous si votre ado a envie d'être partout sauf chez vous, c'est totalement naturel.

Vos ados ont besoin de liberté pour s'accomplir à l'extérieur, avec leurs amis !

# XÉNOPHOBIE : La tolérance par l'exemple

Il est facile de dire qu'il faut être ouvert au monde et ouvert aux autres, mais ce n'est pas simple pour tout le monde. Et la haine est malheureusement plutôt contagieuse.

Un enfant élevé dans un climat de méfiance et de xénophobie aura de grandes chances d'avoir ces modes de pensée ancrés dans son esprit.

La France est un pays multiculturel. C'est une véritable richesse que de pouvoir partager cultures, couleurs et valeurs. Si vous voulez que votre enfant se sente bien dans son monde, apprenez-lui le sens de la fraternité et de l'égalité.

J'ai grandi dans une ville où nous étions tous mélangés - Français, Italiens, Portugais, Espagnols, Pays du Maghreb, Réunionnais, Guadeloupéens, Martiniquais, Hindous, Pays de l'Est - et cela m'a permis de découvrir et d'échanger avec de nombreuses personnes qui me faisaient partager leurs traditions, leurs cultures (alimentaires et vestimentaires)...

Chaque week-end, nos voisines Portugaises portaient une tenue traditionnelle pour aller danser. Nos voisins nous conviaient à partager le repas familial. Nous voyagions ainsi sans bouger de chez nous, et tous, étions dans le partage.

# Être ZEN

S'énerver prend une énergie prodigieuse.

Apprenez donc à rester zen, à prendre du recul face aux événements, à ne pas sauter sur vos ados ni à surréagir lorsque quelque chose qu'ils vous annoncent ne vous plait pas (sauf stratégie particulière).

Lorsque les enfants sont petits, il faut rester vous-même à 100 %, avec vos humeurs, votre joie, vos faiblesses et impatiences… C'est ainsi que l'enfant parviendra à vous connaître vraiment, et à savoir quelles sont vos limites. Mais cela s'apaise souvent au fur et à mesure que les uns grandissent et que les autres vieillissent.

En même temps que vos enfants se métamorphosent, vous aussi changez. Vous prenez un peu d'âge et de sagesse, vous avez plus de temps pour vous, et, mine de rien, un recul totalement différent sur les événements.

Lorsque vous vous impatienterez sur vos ados, respirez et dites-vous que, comme tout ce qui vous entoure, rien n'est immuable et que ça passera bien trop vite !

# Remerciements

Je tiens à remercier particulièrement toutes celles et ceux sans lesquels ce livre n'existerait pas.

À mes enfants, Loucas et Enzo : je suis admiratif de leur parcours et tellement fier d'eux.

Je tenais à leur dire que je les aime plus que tout au monde.

À Philippe, mon frère que j'admire par-dessus tout.

À Béatrice, la maman de mes enfants.

À Jacqueline, ma maman dont je suis fier.

À André, mon papa disparu.

À mes managers :

- Karine Mazeau qui m'a ouvert les portes des Editions Bussière

- Eric Pérez

- Sandrine Camara

À mon Éditrice, Anne-Laure Le Lidec et son équipe.

À Tony et Roger, mes professeurs d'arts martiaux.

À toute ma famille.

À tous mes ami(e)s.

À tous mes potes.

Je remercie également celles et ceux avec qui j'ai collaboré et qui ont cru en moi :

Julien Courbet

Nicolas Mathieu

Florence Chalom

Sylvain Ginious

Lionel Delfini

Stéphane Joffre

Jean-Luc Azoulay

Cyril Hanouna

Les chaînes de télévision : TF1, NRJ12, C8.

Les producteurs et toutes leurs équipes, les rédacteurs en chef, les équipes de tournage (ingénieurs du son, cameramen), les journalistes… Je ne peux pas citer tout le monde mais ils se reconnaîtront.

Tous les forains, les directeurs de discothèques, les casinos, les mairies, les associations…

À tous mes collègues des Mairies de Paris, Nogent-sur-Oise, Creil, Villers-Saint-Paul.

À tous les animateurs et les jeunes des Services Jeunesse.

À toutes les personnes que j'ai croisées au détour d'un tournage ou simplement dans la rue.

À tous les quartiers de France et de Navarre qui m'ont accueilli avec respect.

Vraiment, merci de croire en ce que je fais !

Et bien sûr, un grand merci à tous les parents et les ados sans lesquels ce livre n'aurait pas pu voir le jour !

# Répertoire et sites utiles

Voici une liste non exhaustive de numéros ou sites Web afin de vous aider à mieux comprendre vos adolescents et leur venir en aide.

## Troubles du comportement alimentaire (TCA)

FFAB – Fédération Française Anorexie Boulimie : ffab.fr (Tél. : 0 810 037 037. Permanence téléphonique les lundis, mardis, jeudis et vendredis de 16 h à 18 h)

Réseau TCA Francilien : reseautca-idf.org

## Souffrance psychologique et suicide

Numéro et sites dédiés à l'écoute des adolescents, comme des adultes, qui ressentent un profond mal-être, sont proches du passage à l'acte, ou possèdent un proche en difficulté :

Souffrance prévention du suicide : 3114.fr (Tél. : 3114)
Numéro national de prévention du suicide : 24 h/24 et 7j/7.

Association PHARE : phare.pads.fr (Tél. : 01 43 46 00 62. Du lundi au vendredi de 10 h à 17 h)

SOS Écoute : sos-écoute.fr (Tél. : 0890 07 64 84)

Suicide Écoute : suicide-écoute.free.fr (Tél. : 01 45 39 40 00)

SOS Amitié : sos-amitie.org (Tél. : 09 72 39 40 50)

Fil Santé Jeunes : filsantejeunes.com (Tél. : 0800 235 236)

## Anxiété

Anxiété : anxiete.fr (Site de référence sur l'anxiété et la phobie sociale)

Psy Enfant Ado : psyenfantado.sante.gouv.fr

## Harcèlement

N° VERT « Non au harcèlement » : 3020
Du lundi u vendredi de 9 h à 20 h et le samedi de 9 h à 18 h

N° VERT « Net écoute » : 3018 (cyber-harcèlement)
Du lundi au vendredi de 9 h à 19 h

education.gouv.fr
Aborde la question du harcèlement scolaire et du cyber-harcèlement

E-Enfance
e-enfance.org
Informe sur les dangers du numérique et le cyber-harcèlement.

## Sexualité

Sida Info Service
sida-info-service.org
Tél. : 08 00 84 08 00
Podcast Sida Info Service sur Soundcloud

Planning familial
planning-familial.org
Tél. : 0 800 08 11 11

# Table des matières

Achevé d'imprimer en décembre 2021
sur les presses de la Nouvelle Imprimerie Laballery
58500 Clamecy
Dépôt légal : décembre 2021
Numéro d'impression : 112395

*Imprimé en France*

La Nouvelle Imprimerie Laballery est titulaire de la marque Imprim'Vert®